AF193349

ACCESO GRATIS a la Lectura en la Nube

Para visualizar el libro electrónico en la nube de lectura envíe junto a su nombre y apellidos una fotografía del código de barras situado en la contraportada del libro y otra del ticket de compra a la dirección:

ebooktirant@tirant.com

En un máximo de 72 horas laborales le enviaremos el código de acceso con sus instrucciones.

EL ESPACIO Y EL SERVICIO PÚBLICO AUDIOVISUAL EN LA SOCIEDAD DIGITAL

Tendencias, desafíos y transiciones

Isaac Maroto González
César Fieiras Ceide
Miguel Túñez López

Editores

EL ESPACIO Y EL SERVICIO PÚBLICO AUDIOVISUAL EN LA SOCIEDAD DIGITAL

Tendencias, desafíos y transiciones

VALCOMM   MEDIOS AUDIOVISUALES PÚBLICOS
ANTE EL ECOSISTEMA DE LAS PLATAFORMAS:
MODELOS DE GESTIÓN Y EVALUACIÓN DEL VALOR
PÚBLICO DE REFERENCIA PARA ESPAÑA
PROYECTO I+D+I PID2021-1223860B-I00

 MINISTERIO DE CIENCIA E INNOVACIÓN

 UNIÓN EUROPEA · FONDO EUROPEO DE DESARROLLO REGIONAL

 AGENCIA ESTATAL DE INVESTIGACIÓN

 VALUEbot   Creación de una plataforma generadora de chatbots mediante IA para la Comunicación del valor público del PSM   PDC2023-145885-I00

 MINISTERIO DE CIENCIA E INNOVACIÓN

 Financiado por la Unión Europea NextGenerationEU

 Plan de Recuperación, Transformación y Resiliencia

 AGENCIA ESTATAL DE INVESTIGACIÓN

tirant humanidades

Valencia, 2024

© PIsaac Maroto González
y otros

© TIRANT HUMANIDADES
EDITA: TIRANT HUMANIDADES
C/ Artes Gráficas, 14 - 46010 - Valencia
TELFS.: 96/361 00 48 - 50
FAX: 96/369 41 51
Email:tlb@tirant.com
www.tirant.com
Librería virtual: www.tirant.es
DEPÓSITO LEGAL: V-2883-2024
ISBN: 978-84-1183-803-0
MAQUETA: Disset Ediciones

Si tiene alguna queja o sugerencia, envíenos un mail a: atencioncliente@tirant.com. En caso de no ser atendida su sugerencia, por favor, lea en *www.tirant.net/index.php/ empresa/politicas-de-empresa* nuestro Procedimiento de quejas.

Responsabilidad Social Corporativa:*http://www.tirant.net/Docs/RSCTirant.pdf*

Autores

Olga Blasco-Blasco

Francisco Campos Freire

Ruth de Frutos

Marius Dragomir

Tania Fernández Lombao

César Fieiras Ceide

Ana María López Cepeda

Isaac Maroto González

Juan Carlos Miguel de Bustos

Bernard Miège

Sara Pérez-Seijo

Marta Rodríguez-Castro

Miguel Túñez López

Índice

Medios audiovisuales públicos, entre el inmovilismo y la transición digital 75

Tania Fernández Lombao y Francisco Campos Freire

Espacio público y plataformas digitales en los medios audiovisuales públicos europeos 95

Ana María López Cepeda y Marius Dragomir

Experiencias inmersivas y medios de servicio público: experimentación, aplicación y medición 115

Sara Pérez-Seijo y Olga Blasco-Blasco

Hacia una comunicación automatizada: Retos, oportunidades y riesgos de la IA para los medios de servicio público 135

César Fieiras Ceide, Isaac Maroto González y Miguel Túñez López

Laudatio a Bernard Miége. Santiago de Compostela, 20 de septiembre 2023.. 155

Juan Carlos Miguel de Bustos,

Las intersecciones presentes entre la esfera pública y el servicio audiovisual público

Isaac Maroto González, César Fieiras Ceide y Miguel Túñez López
Universidad Santiago de Compostela

El estudio de las relaciones que surgen entre la esfera pública y el servicio audiovisual público, que constituye el núcleo temático de este volumen, requiere una contextualización en cuanto a la génesis misma del libro como de la presentación del enfoque que cada autor ha elegido para profundizar en los diversos temas que componen la presente publicación.

Esta obra, es el resultado intelectual del "Simposio y Escuela de Doctorado de Verano" dedicado a la exploración de los valores compartidos en la sociedad digital, evento que tuvo lugar entre el 20 y el 22 de septiembre de 2023. Este evento congregó a distinguidos pensadores en el campo de la comunicación audiovisual y fue un caldo de cultivo para las discusiones que forman los capítulos de este volumen.

El encuentro y esta obra se inscriben dentro de las actividades de investigación del proyecto I+D+i 'Medios audiovisuales públicos ante el ecosistema de las plataformas: modelos de gestión y evaluación del valor público de referencia para España (VALCOMM)' (PID2021122386OBI00). Este proyecto ha recibido fondos del Ministerio de Ciencia e Innovación (MCIN), de la Agencia Estatal de Investigación (AEI) y del Fondo Europeo de Desarrollo Regional (FEDER) de la Unión Europea. El proyecto VAL-COMM liderado por de los profesores Miguel Túñez López y Francisco Campos Freire acusa el interés en el análisis de los medios de comunicación públicos y la contribución que estos representan para la sociedad.

En el transcurso del Simposio, resulta pertinente subrayar la participación de Bernard Miége, de la Universidad de Grenoble Alpes, quien se constituye como una figura intelectual de referencia, secundado por una selección de investigadores y profesionales en el ámbito de los medios audiovisuales públicos. La temática central de este encuentro académico se enfocó en el análisis del valor público de los medios de comunicación de servicio público dentro del contexto europeo, especialmente en relación con las plataformas digitales.

El volumen que nos complace presentar actúa como una concreción del espacio de debate y reflexión generado a lo largo del Simposio. Reúne las contribuciones de diversos investigadores que participaron en el evento, y tiene como objetivo enriquecer la perspectiva multidisciplinar vinculada a los estudios de comunicación. Este enfoque abarca desde las ciencias sociales y jurídicas hasta las industrias culturales, las humanidades y las tecnologías emergentes, con el propósito de profundizar en los desafíos y oportunidades que presenta la convergencia entre el espacio público y los medios audiovisuales, en el marco de las transformaciones tecnológicas y digitales que caracterizan a la sociedad contemporánea.

La obra se inaugura con la contribución del profesor Bernard Miége, su trayectoria académica ha estado fundamentalmente asociada con la Universidad Stendhal (Grenoble 3). Actualmente, ostenta el título de profesor emérito en Ciencias de la Información y la Comunicación en la Universidad Grenoble Alpes. Su docencia y su investigación se han centrado esencialmente en la Epistemología de la Información y la Comunicación, así como en el estudio socioeconómico de este ámbito. La trascendencia de Miége, se manifiesta a través de sus publicaciones, ponencias y seminarios en universidades de prestigio internacional, lo han constituido en una figura destacada a nivel mundial en su disciplina. La esfera pública se revela como uno de los ejes centrales en el corpus teórico de Miége, aspecto que Juan Miguel de Bustos (2023) resalta en su Laudatorio realizado durante el Simposio.

El primer capítulo se adentra en la trascendencia de investigar la esfera pública, entendida como un espacio de discusión y debate abierto para la ciudadanía. Esta perspectiva se presenta como indispensable para el entendimiento y análisis de cómo las transformaciones sociales y tecnológicas afectan la participación ciudadana, la reflexión democrática y la configuración de la opinión pública. En esencia, el enfoque de Miége resulta crucial para comprender la comunicación en las sociedades contemporáneas, situadas en el contexto de los avances tecnológicos y mediáticos.

Complementando esta visión, Juan Carlos Miguel de Bustos examina durante el segundo capítulo la relevancia e impacto de las grandes plataformas digitales en la calidad democrática de la sociedad, ofreciendo un análisis detallado del entorno europeo, atendiendo a las diferentes amenazas y sesgos que supone la incorporación de la Inteligencia Artificial (IA) en las sociedades democráticas.

En el tercer capítulo, Marta Rodríguez Castro y Ruth de Frutos analizan tres casos de estudio para mostrar cómo los medios de comunicación de servicio público (PSM) abordan la interrelación entre el ámbito cultural, laboral y comunicacional desde una perspectiva de género, fundamentada en el valor público que los sustenta.

Los cambios que requieren los medios públicos ante el panorama comunicativo actual representan un desafío para las organizaciones. En este sentido, en el cuarto capítulo, Francisco Campos Freire y Tania Sánchez Lombao describen el momento actual en el que los PSM enfrentan la tensión entre mantener una lógica tradicional y la necesidad de garantizar su independencia, sostenibilidad y objetividad, mientras compiten con otras plataformas

Marius Dragomir y Ana María López Cepeda en el quinto capítulo examinan las políticas audiovisuales predominantes en la Unión Europea en relación con la plataformización. Su enfoque se centra en analizar la influencia que las plataformas digitales ejercen sobre los medios audiovisuales públicos, identificando tanto el impacto positivo de estas políticas como el poder que ejercen los Estados miembros en cuanto a sus efectos y repercusiones.

La incorporación de entornos inmersivos en los medios públicos responde a la necesidad de innovación para captar nuevas audiencias. En el sexto capítulo, Sara Pérez Seijo y Olga Blasco contextualizan diferentes experiencias de los medios de servicio público en entornos virtuales, como el Metaverso y los videos 360, señalando la importancia de establecer métricas que permitan valorar estas innovadoras propuestas en cuanto a su alcance estratégico en la comunicación de las organizaciones de servicio público.

Para cerrar esta obra, en el capítulo final, César Fieras Ceide, Isaac Maroto González y Miguel Túñez López exploran las consecuencias de la integración de la inteligencia artificial (IA) en los medios públicos. Analizan las oportunidades que ofrece su implementación, cómo optimiza procesos y mejora y personaliza experiencias, pero también abordan los retos y peligros que su incorporación puede proyectar a corto y medio plazo en los medios públicos.

A continuación, se presenta un libro que abarca diferentes enfoques de la relación existente entre el servicio audiovisual público y la esfera pública. El esfuerzo conjunto de sus autores, en su contribución al Simposio y la redacción de cada capítulo, evidencia su responsabilidad en fortalecer la calidad democrática de la sociedad, aportando un análisis profundo de los procesos comunicativos.

Isaac Maroto González, César Fieiras Ceide y Miguel Túñez López

Mutaciones e indeterminaciones del Espacio Público contemporáneo

Bernard Miège

GRESEC, Universidad de Grenoble Alpes

Resumen:

Este artículo debe su origen a la constatación de que la investigación sobre el Espacio Público ha disminuido significativamente durante la última década, lo que le diferencia de las dos décadas precedentes. Tiene como objetivo mostrar cómo la perspectiva del Espacio Público continúa siendo heurística en la investigación infocomunicacional, marcando la diferencia con las sociedades no democráticas; ello desde la especificidad de los enfoques de las Ciencias de la comunicación (particularmente en Francia, desde las Ciencias de la información - comunicación), diferentes de la sociología o de la ciencia política. El presente texto insiste en que esta perspectiva ha sido profundamente cuestionada (o sacudida) en la última década, en relación con la digitalización de los medios de comunicación, sean estos históricos o nuevos; también han contribuido a dicho cuestionamiento la aparición de algunas crisis (entre otras, la sanitaria), así como guerras, que colocan en primer plano las estrategias de comunicación política y, en general, acciones relativas a la cobertura mediática.

Palabras clave :

Espacio público político - espacio público societal - medios - mediatización - nuevos medios - ciencias de la información – comunicación

ALGUNAS CUESTIONES PREVIAS:

El tema que me han propuesto abordar[1] consiste en hacer un balance de la evolución del Espacio Público (en adelante, EP) en las sociedades democráticas, y especialmente en nuestros países, España y Francia, teniendo en cuenta: 1° el impacto de los cambios sociales decisivos, tales como la reciente crisis pandémica, así como 2°, las mutaciones y la revolución económico-tecnológica, a largo plazo, impulsada por la creciente influencia de las técnicas digitales.

Se observará desde esta introducción que, si bien los trabajos de investigación sobre el espacio público fueron bastante numerosos durante la última década del siglo anterior, así como a principios del siglo XXI, dichos trabajos han disminuido de manera muy significativa durante la última década, y se han centrado en las mutaciones de las mediatizaciones. Por mi parte, después de un trabajo sintético orientado hacia la perspectiva del espacio público social que publiqué en 2010, he publicado poco sobre este tema, si bien sin dejar de hacer un seguimiento atento y cuestionador. Como no soy el único en esta situación, sin duda hay mucho sobre lo que pensar.

Por lo tanto, me esforzaré en proponer *un enfoque razonado* de las cuestiones relacionadas con la temática de la EP (cuya terminología, y aún más allá, como señalaré, no está reconocida en todos los espacios sociolingüísticos). Ahora bien, lo que no puede pretenderse es realizar una síntesis de todas las posiciones existentes, que son muy numerosas. Debo también precisar que no podré entrar en el detalle de los argumentos que se formulen; siendo mi objetivo más bien el de clasificarlos y categorizarlos. No hace falta decir que no ocultaré las claras diferencias que tengo con algunas posiciones.

---

1. Este artículo surge de una Conferencia pronunciada el 20 de septiembre de 2023, en la inauguración de la Escuela Internacional de Verano "El valor de los servicios públicos en la era digital", organizada por la Facultad de Comunicación de la Universidad de Santiago de Compostela.

Este enfoque razonado va mucho más allá del alcance de un solo artículo; de forma que plantearé muchas más preguntas que respuestas. Y mi argumento se desarrollará en cuatro pasos:

En un primer tiempo, observaré que el Espacio Público debe ser siempre considerado como una de las perspectivas claves para las ciencias de la comunicación.

En un segundo tiempo, propondré una serie de consideraciones metodológicas (en sentido fuerte), indispensables para la discusión actual en torno al Espacio Público.

En un tercer tiempo, mostraré cómo la crisis pandémica interfiere en el Espacio Público y modifica su funcionamiento.

Finalmente, el cuarto tiempo, se destina a proponer un balance sobre los complementos a aportar y sobre las cuestiones relativas a la teoría (la discusión teórica) del Espacio Público.

1. EL ESPACIO PÚBLICO SIEMPRE DEBE SER CONSIDERADO COMO UNA DE LAS PERSPECTIVAS CLAVE, DE ALGUNA MANERA HEURÍSTICA, PARA LAS CIENCIAS DE LA COMUNICACIÓN:

Esta característica, central, no parece necesitar ser cuestionada, incluso si, para muchos autores, hoy en día, parece un tanto secundaria y rara vez se encuentra en las agendas de investigación. En el origen de esta proposición, se encuentra el modelo liberal de la esfera pública burguesa, en el cual el énfasis se coloca en el ejercicio público del razonamiento entre personas ilustradas, a la vez que en el principio de Publicidad, mostrando también los límites de la relación público-privado y del uso de los medios de comunicación.

"La esfera pública burguesa puede entenderse, en primer lugar, como la esfera de las personas privadas reunidas en un público. Estas reivindican esta esfera pública reglamentada por la autoridad, pero directamente contra el poder mismo [...] El medio de esta oposición entre la esfera pública y el poder es original y no tiene precedentes en la historia: es el uso público del razonamiento" (Habermas, 1962/1978, p.38). Y estas discusiones en sociedad son posibles, favorecidas, e incluso impulsadas, por el uso de los medios de comunicación, que han emergido en las diferentes sociedades.

Ahora bien, lo que resulta esencial en nuestra reflexión es que no deberíamos considerar únicamente este origen, por muy importante que lo sea; y eso, aunque tuviéramos en cuenta las prolongaciones que ha efectuado el propio J. Habermas, apoyándose en las teorías lingüísticas contemporáneas. Debemos también tener en cuenta el pensamiento griego aristotélico, muy presente en H. Ahrendt (Ahrendt, 1958); también el pensamiento liberal *stricto sensu* (pensamiento distinto del modelo liberal de la esfera pública, mencionado anteriormente, y cuyos iniciadores fueron P. Lazarsfeld, H. Lasswell y C.C. Hovland); y finalmente el pensamiento oposicionista y alternativo, el cual, a menudo, está inclinado a absorber lo social en lo político (entre otros: Fraser, 2001; Haber, 2012).

Debe señalarse que la tradición kantiana a la que J. Habermas indiscutiblemente se adscribe, y a pesar de su declarada adscripción a la Escuela de Frankfurt, ignora dos tradiciones muy distintas, a saber, el espacio público "especulativo" alemán, y el espacio público intelectual y artístico francés. Ignora el primero y además, insiste regularmente en el hecho de que el aspecto público (y por tanto la publicitación) es un ideal, que depende de los poderes existentes y de las circunstancias políticas.

Todas estas filiaciones interfieren más o menos, y entendemos que ciertos autores hayan llegado a proponer enfoques, sin cuestionarlas, que difieren significativamente, y que de alguna manera tienen en cuenta los fenómenos observables hoy.

Entre otros autores, cabe citar a P. Dahlgren (Dahlgren, 2000), quien destaca el preocupante estado de la democracia y los excesos de la tecnología, así como el papel de los medios de comunicación en la producción de un consentimiento tranquilo, que produce más una participación instrumental que una invitación a la deliberación. Hoy, el EP se encuentra en crisis, como consecuencia del agotamiento de los grandes relatos de legitimación de la ciencia (B. Latour insistió regularmente en este aspecto) y del carácter comunicativo de los hechos científicos. Para él, el EP científico -elemento clave de la fragmentación y cuasi modelo-, está en crisis, y no podemos tener más que una visión minimalista, entre razón y razonamiento, dentro de la tradición revisitada del sociólogo estadounidense R. K. Merton, aceptando su dimensión política.

Por mi parte, observando los impasses del espacio público global, quiero desarrollar un enfoque post-habermasiano, decididamente sociológico y político del EP, en el que los debates y los intercambios son elementos centrales, observables sobre todo en los regímenes democráticos, y en el que los medios de comunicación (de todo tipo) constituyen el camino, así como el vector. Al observar la creciente fragmentación de estas discusiones, planteé, junto con otros, la hipótesis de una (re) constitución de los espacios societales (por ejemplo, la salud, el medio ambiente, la ciencia, etc.), teniendo estos un carácter parcial y no necesariamente sectorial. Pero el análisis presentado durante la crisis pandémica, que estableceré después, muestra claramente que estos espacios societales están en sí mismos, bajo la creciente influencia y presión de la comunicación política gubernamental; política gubernamental que está muy lejos de poder identificarla con la comunicación de crisis. Y también es necesario tener en cuenta la eficacia de la vigilancia digital, que se está generalizando ampliamente; no en el sentido sobre todo psicosociológico de S. Zuboff (Zuboff, 2020), sino en de la visión político-económica propuesta en 2007 por A. Mattelart; visión que hoy se muestra esencial. Estos enfoques no agotan el tema considerado, y lo amplían significativamente a la vez que muestran cuán compleja es la cuestión del EP; y esta complejidad, a veces se hace opaca por las ambigüedades y por las confusiones reproducidas por ciertos autores; confusiones que cada vez son más abundantes.

Añadiremos que, a nivel conceptual, es necesario establecer una distinción entre las conversaciones públicas y los mecanismos de consulta pública institucionalizada (en Francia la Comisión Nacional para el Debate Público, CND, o las instituciones locales, a iniciativa de los municipios; no obstante sí que se puede observar alguna interferencia entre los dos conceptos señalados y el EP.

2. CONSIDERACIONES METODOLÓGICAS

Antes de intentar precisar lo que son las mutaciones que atraviesan el EP, colocaré el énfasis en tres consideraciones metodológicas, esenciales, en este campo, como en otros, y que me parecen imprescindibles como consideraciones previas en toda reflexión científica sobre el progreso de las técnicas digitales (ver mi trabajo sobre "La numérisation de la société", Miège, 2020). Estas consideraciones no debieran ser asimiladas a técnicas de investigación; ellas arrojan luz sobre la problemática, y son ellas las que ayudan a establecer la distinción entre discursos de expertos y los de los medios de comunicación, y sirven para protegerse contra las visiones prospectivistas o anticipadoras bajo las cortinas del disimulo (Miège, 2022-b).

Las tres las consideraciones son las siguientes:

— ¿Según qué temporalidad? Las herramientas digitales han tomado el relevo de las Tecnologías de la Información y de la Comunicación –TIC-. Sólo si nos posicionamos en el largo plazo, es posible poner en evidencia tanto las discontinuidades, como las sustituciones y las continuidades (estas últimas casi nunca son tomadas en consideración). Haciendo esto, es posible evaluar los cambios que intervienen: por ejemplo, la multiplicación de los intercambios interindividuales directos que tienen lugar en las redes sociales-digitales (ver más abajo), *y a contrario* entender mejor el "mantenimiento" bajo condiciones renovadas, de ciertos medios de comunicación existentes o determinadas industrias culturales o creativas.

— ¿Fuera o no de los intercambios institucionalizados o llevados a cabo por autoridades públicas? La respuesta a esta pregunta fundamental resulta menos obvia de lo que parece a primera vista, como consecuencia de omnipresencia, cada vez mayor, de la política establecida" en los debates públicos, e incluso en su origen; y bastante a menudo esta política dicta el *tempo*. Lo que es decisivo es la autonomía de los intercambios.

— ¿Con el apoyo de qué medios de comunicación? Más allá de los "medios históricos", que siguen activos, debe considerarse una parte de las redes sociales; una parte, porque en las redes sociales hay una actividad de ámbito privado, que debe ser excluida de nuestra consideración. Dicho esto, debemos considerar las redes sociales, porque participan, especialmente en períodos de conflicto, en la formación insidiosa de opiniones; opiniones realizadas por los llamados medios de re-información y por los medios que difunden *noticias falsas*. Por tanto, la atención debe centrarse tanto sobre estos últimos medios como sobre las nuevas modalidades de información, aún en fase de emergencia

Finalmente, lo que se observa es una expansión bastante considerable de las actividades-soportes de los intercambios relacionados con la EP (más allá de la prensa, de los medios audiovisuales y de las producciones culturales), y eso, en un período también marcado por una profunda crisis del periodismo, por las recomposiciones radicales de la propiedad y de la gestión de los medios de comunicación, así como por sofisticadas acciones de manipulación, no sólo durante los períodos electorales, y por un notable movimiento de desconfianza hacia las "palabras públicas", y una mayor desconfianza a tenerlas en cuenta. En una situación de publicitación acelerada, lo que está en juego es, sin duda, cada vez más, la legitimación de las voces institucionales-públicas, que no se ve favorecida por su reciente proliferación.

Después de estas observaciones, ampliamente compartidas por los autores, y por algunos observadores, intentaremos –aunque esto signifique repetir algunos argumentos ya expuestos– intentar sacar conclusiones sobre el posicionamiento actual del EP.

De antemano, y sin entrar en detalle en un argumento desarrollado en otros lugares, debemos recordar que la perspectiva esbozada anteriormente sitúa claramente el razonamiento en el marco de las ciencias de la comunicación (en Francia y en algunos otros países: Ciencias de la Información - Comunicación, SIC, en francés), y los diferencia de enfoques relacionados con la sociología o con la ciencia política; en el origen de esta diferenciación, se sitúan dos elementos decisivos: la colocación en los medios de comunicación y la circulación en las sociedades de informaciones y de intercambios argumentados, no solamente políticos, que además excluyen *de facto* a las sociedades que operan bajo un régimen dictatorial o autoritario.

3. CRISIS PANDÉMICA Y FUNCIONAMIENTO DEL ESPACIO PÚBLICO.

Hay que aprovechar una oportunidad: comparar la evolución del EP contemporáneo con la reciente crisis sanitaria (2020-2022). En mi caso, la aproveché en un Coloquio que tuvo lugar en Madrid, a finales de 2022 (Miège, 2022-a); lo retomo aquí, presentando, de manera resumida, cuatro observaciones centrales, consecuencia de la observación de la situación francesa:

— La preeminencia e incluso la omnipresencia, casi a diario, de la comunicación política, gubernamental y administrativa. El Jefe de Estado, no ha cesado de posicionarse en primera línea a la vez que se ha implicado, supuestamente o realmente, en todas las decisiones o acciones. Y estas continuas intervenciones obviamente tienen poco que ver con los requisitos pragmáticos de una discusión abierta en un régimen democrático, el cual supone la distribución equitativa de las libertades comunicativas y una relativa sinceridad en los intercambios y debates. Estas prácticas se impusieron en detrimento de la comunicación pública y utilizando métodos muy direccionales, en una situación de estado de emergencia no declarada pero efectiva, al amparo de un "Consejo de defensa de la salud" que interviene casi a diario y aplicando medidas de apoyo presentadas como "educativas". Esta forma de hacer indudablemente participa de una comunicación de crisis prolongada, y ello, durante más de dos años. ¿Podría haber sido diferente? Al parecer sí, si observamos, como lo han hecho algunos investigadores, la situación en Suiza; y esto a pesar de las diferencias sociopolíticas. ¿Y las consecuencias? Se trata sobre todo de argumentos contra los opositores intransigentes, las personas antivacunas y contra los supuestos defensores de "la" libertad.

— Las confusiones y las constantes intromisiones entre el espacio sanitario y el espacio científico: ¿en nombre de quién hablan constantemente las personalidades cualificadas en los grandes medios de comunicación o en las redes? ¿Lo hacen como representantes de las autoridades sanitarias y de la profesión médica, o como científicos? Al no hacerse la distinción, es muy difícil establecer y aclarar los retos, y muy difícil no mantener lo que parece ser una cacofonía. Esto sucede tanto cuando se hacen referencias a artículos científicos como cuando se debate en canales de televisión generalista. En gran medida, esto se vio facilitado, por el estatus hospital-universitario de las personas calificadas invitadas. La controversia sobre la cloroquina puede claramente analizarse desde este ángulo.

— La cuantificación de la gestión diaria de la crisis: esta se muestra, sobre todo, en el uso de indicadores diarios, que apenas cambiaron desde el inicio de la crisis, salvo, por supuesto, la adición de las tasas de vacunación. Y esta continua cuantificación dista mucho de ser anodina: participa estrechamente en esta sociedad de vigilancia individualizada (ver más abajo) que, con la *datifica-*

ción, se va instalando poco a poco, y, que al ser retomada por los distintos medios de comunicación, apoya una gestión fina y de arriba hacia abajo de las opiniones, sin que exista la mínima posibilidad real de interacción; de ahí los rumores y *las malas noticias* ; y también empezamos a observar acciones –inquietantes–encaminadas a la geolocalización de personas. Finalmente, ayuda a fortalecer, curiosamente y de manera amplia, la confianza observable en los datos, aunque poder leerlos o tener la capacidad para interpretarlos sea ilusorio para muchos.

— La (apresurada) implementación de técnicas digitales en la vida cotidiana de las personas confinadas: el fenómeno es difícil de comprender (en cualquier caso, resulta imposible de comprenderlo en general) porque afecta tanto al comercio en línea, a los trámites administrativos, a las relaciones intrafamiliares, a las relaciones interpersonales, a la vida de ocio, a las relaciones con las instituciones educativas, a la elección de medios de transporte, a las prácticas culturales, así como al trabajo desde casa y el *zooming* de actividades profesionales.

Una vez que la pandemia estuvo bajo control, se continuó haciendo balance de los cambios provocados o acelerados. Es el caso, por ejemplo, de la asistencia a las salas de cine (que en Francia casi volvió a su nivel anterior), o del despegue de las plataformas; y de manera más general, debemos subrayar las discriminaciones que se mantienen e incluso se refuerzan.

En cuanto a la aceleración de la "plataformatización" (la terminología es ciertamente criticable) de las industrias culturales y mediáticas, obviamente se refleja en el hecho de que las principales plataformas de *streaming* estadounidenses aprovecharon el período para ejercer su *soft power* en la Unión Europea y en otros lugares, como lo señala Antonio Vlassis (Vlassis, 2021). Similar a lo que ocurrió con el cine y con la música popular después de la Segunda Guerra Mundial. El fenómeno no debe interpretarse únicamente en función de sus efectos en las prácticas audiovisuales y culturales; sus consecuencias no son menores en los intercambios sociopolíticos, porque contribuyen tanto a la individualización como a la globalización.

4. COMPLEMENTOS Y CUESTIONES RELATIVAS A LA TEORÍA DEL ESPACIO PÚBLICO:

4.1. A esta altura del argumento, parece necesario presentar una serie de complementos o aclaraciones, esenciales para comprender los cambios en curso, que no deben ser consideradas revoluciones en curso.

Y, ante todo, conviene recordar cuán decisivo es el rechazo en principio de una visión universalista, incluso dentro de países con un régimen político democrático relativamente próximo al nuestro. Incluso dentro de Europa, sin duda, observaríamos más divergencias que convergencias. Este rechazo es esencial si queremos atenernos a un enfoque sociopolítico y alejarnos de cualquier enfoque relacionado con la filosofía política, que sigue siendo dominante. Sin embargo, hoy más que nunca, surge la pregunta, sobre si pueden funcionar embriones de EP en países cuyos regímenes son dictatoriales o autoritarios. La cuestión evidentemente concierne a una parte importante de la población mundial y es de gran interés para los autores de estos países; pero debemos admitir que esta cuestión aún no ha dado lugar a respuestas o aportaciones satisfactorias.

No nos detendremos en cuestiones de terminología porque no importa que varíe aquí y allá, si diferentes términos hacen referencia a "actividades" similares o cercanas: espacio (más bien en las zonas francófonas), esfera (en Gran Bretaña) o Öffentlichkeit (en Alemania). Ciertamente el EP es a veces una fuente malentendidos, ya que a veces se relaciona con actividades relacionadas, por ejemplo, con la planificación urbana; sin embargo, en última instancia, el uso dual presenta menos inconvenientes que ventajas. Por otro lado, parece fundamental no generar confusión con el fenómeno de la mediatización, que generalmente se utiliza para representar actividades menos especificadas (Lafon, 2020), y que se relaciona en su conjunto con la actividad mediática, ahora apoyada en técnicas digitales, pero en correspondencia con el análisis del funcionamiento de todos los medios de comunicación.

La orientación centrada en la mediatización es claramente central en la ciencia política o la sociología. En cuanto al enfoque específicamente comunicacional (que se interesa, por ejemplo, en el funcionamiento de las industrias culturales y creativas, ahora bajo la influencia de las plataformas digitales; así como en la actividad de los "colectivos mediados" por las técnicas digitales: por ejemplo, a través de YouTube), se centra principalmente en las potencialidades nuevas y fragmentadas de los intercambios sociales (que deben distinguirse de los intercambios privados con los que se tiende a confundirlos), potencialidades que ahora son cada vez más efectivas, y que no necesariamente son masivas (en el sentido de comunicación de masas), y que indudablemente son más internacionalizadas.

En este marco, también se pueden igualmente considerar las iniciativas locales, que en el momento de la aparición de la tecnología digital preveíamos que serían muy favorecidas y que serían el origen de intercambios más respetuosos con la diversidad de "palabras" y con el tiempo necesario para intercambios. Sin embargo, se han realizado pocas investigaciones sobre este tema y no cabe asegurar que esta predicción se haya hecho realidad.

Finalmente, la actividad de los medios de comunicación y las técnicas que contribuyen al espacio público ahora también incluyen:

— Información (término que reúne producciones de una gran diversidad), y que conlleva un movimiento sin duda esencial hoy, si bien parcialmente desconocido, como es la informacionalización, calificación en cualquier caso más pertinente que la datificación.

— Las obras de ficción,

— Las producciones de entretenimiento,

— Sin olvidar los intercambios sociales, que se son posibles a través de las redes sociales-digitales, que sirven de soporte, y más, de "colectivos mediados" más o menos permanentes (sin duda es / será posible identificarlos mejor a partir de ahora, y asídistinguirlos de los intercambios de orden privado),

Estas distinciones continúan siendo relevantes, y en cualquier caso son fácilmente identificables.

Si los medios siguen siendo esenciales para la activación de la EP, ¿qué entendemos por medios? Esta pregunta que, en el pasado, había dado lugar a sucesivas respuestas, no siempre concordantes, se vuelve a plantear, pero en términos diferentes, sin que debamos acordar una cierta primacía a las técnicas digitales, incluidas las redes sociales. Nos contentaremos, por ahora, con esta afirmación, sin poder considerarla en todas sus dimensiones.

Además, los medios de comunicación históricos (aquellos que han aparecido en siglos anteriores) se asocian cada vez más con técnicas digitales (másprecisamente con dispositivos digitales de comunicación); ellos mantienen una relativa preeminencia, a menudo cuestionada, y variable (en gran medida) dependiendo de los criterios sociales distintivos. Por tanto, es prematuro considerar, como ya lo había anteriormente considerado en el trabajo ya citado y publicado en 2010, que un quinto modelo (enfocado en las Redes sociales-digitales) no sólo ha emergido, sino que se ha convertido ya en modelo dominante; el resultado es que la situación actual es más compleja que la que estaba anunciada.

Las mutaciones involucradas, variables dependiendo del país, no deben continuar siendo identificadas (todas) como políticas. *A priori*, todos los debates y propuestas resultantes de los EP parciales (salud, medio ambiente, educación, etc.) no están destinadas a ser incluidas en el EP político, ni en el escenario político (por las organizaciones representativas) ni por los aparatos públicos y gubernamentales. No existe una trayectoria predecible *a priori*. Y tampoco podemos predecir su interferencia con la esfera política. Además, y para resaltar claramente lo que tienen de específico estas dimensiones, ciertamente características propias de las sociedades contemporáneas, es preferible resaltar lo que estos EPs también tienen de societal, y calificarlos, después de una década. Esto estaba escrito en 2010; pero hoy, más de una década después, las condiciones han cambiado, de modo que las relaciones entre el espacio público político y los espacios parciales societales, que estaban en el centro de mi argumento en el último capítulo de mi trabajo (Miège, 2010, capítulo 7), ya no pueden ser presentados en los mismos términos.

4.2. Preguntas presentes.

Son tantas las preguntas y, en su mayor parte, tan importantes y tan decisivas que, a falta de suficiente retrospectiva histórica y de trabajo de campo, por el momento, resulta difícil dar respuestas suficientemente razonadas y que tengan un carácter definitivo. La situación actual no puede equipararse a la de hace diez o quince años durante las discusiones y debates entre autores sobre el EP. Lo que en la actualidad se sitúa en el centro de las cuestiones relativas al EP es más complejo de analizar, incluso si ciertas preguntas están presentes en ciertos debates públicos actuales, debates sin ninguna garantía en cuanto a su validez en un futuro próximo o lejano.

Lo que está relacionado o incluso implicado con la cuestión del EP, o más precisamente de su activación, es en realidad nada menos que:

— el funcionamiento del conjunto de los medios de comunicación en su pluralidad, en una situación de intermediación sin precedentes, que aún está por dilucidar, en una perspectiva que vaya más allá del corto o del muy corto plazo, como no dudan en hacerlo muchos comentaristas de actualidad.

— la vigilancia digital, la algoritmización y lo que cada vez más se conoce como actividades de seguimiento, que ahora están en el centro de la actividad de los medios; pero más allá de las descripciones que se establezcan, no es posible todavía apreciar significativamente sus efectos.

— el continuo aumento del poder de las grandes empresas digitales (y su influencia en las sociedades), incluso aunque conocen y conocerán muchos accidentes en sus estrategias (Ejemplo de X y Meta), y que ya han experimentado la competencia de los gigantes chinos, de los cuales Tik Tok es el preludio.

— Lo que los dispositivos propuestos por estas empresas gigantes ofrecen e imponen es en realidad una individualización continua de las mediaciones y las prácticas mediáticas, difícilmente apreciables a largo plazo.

— Y según Philip Schlesinger, estas perspectivas van acompañadas de un punto de inflexión regulatorio: "El interés por las soluciones regulatorias frente a la indisciplina percibida del funcionamiento actual de Internet (y agreguemos: también de otras técnicas digitales) sigue creciendo, tanto a nivel nacional como internacional … . » (Schlesinger, 2022). Y esto no deja de afectar profundamente al futuro de la esfera que ahora califica de post-pública. Y sin duda aún más, a medida que se implementen las medidas, implementadas tardíamente dentro de la Unión Europea. Por tanto, únicamente cabe preguntarnos si este giro regulatorio será enteramente favorable al "campo del poder", o si mantendrá posibilidades de afirmación para el EP, según modalidades nuevas. Se trata de un problema central, de la misma categoría que otras cuestiones importantes que han sido planteadas a lo largo de este texto.

Más concretamente, debemos preguntarnos si los períodos de crisis (crisis múltiples, como en la actualidad) e incluso la guerra, son favorables o desfavorables para la actividad del EP. Ciertamente, los medios y los dispositivos digitales son ampliamente utilizados, sobre todo en el corto plazo e incluso en el muy breve plazo, con volatibilidad y precipitación, sin que que los intercambios con argumentos puedan tener lugar.

Esta es una condición esencial para el funcionamiento del EP, lo que, sumado a la presión constante de los poderes políticos, no favorece la actividad del EP. Y esta presión es una característica fundamental de las sociedades democráticas contemporáneas, que ha seguido fortaleciéndose, y no sólo en el contexto de la gestión de la crisis pandémica. Por tanto, una característica llamativa de estas sociedades es la afirmación que la comunicación política gubernamental es cada vez más omnipresente en la esfera política y que, repitamos, también está en oposición con la actividad de los espacios públicos societales.

Éstos espacios, cuyas condiciones de posibilidad había discutido extensamente al final de mi trabajo anteriormente citado, permanecen esencialmente en un estado hipotético, no porque las bases sobre las cuales podrían establecerse no sean observables (lo que particularmente sucede en las áreas del medio ambiente, la salud (Pailliart en Lafon, 2019), sino porque que cada vez más están constreñidas y limitadas en su progreso, en tanto en cuanto tienen que afrontar y sufrir las acciones relativas a la comunicación política en el corto plazo, y en menor medida, las iniciativas relativas a la comunicación pública. Y, ciertamente, las técnicas digitales, son continuamente solicitadas para fortalecer los poderes que están presentes. La advertencia lanzada, a principios de siglo, por P. Dahlgren es de más actualidad que nunca : " fundamentalmente (...) el estado de la democracia en las democracias occidentales es, en general, preocupante y no deberíamos esperar que la tecnología resuelva los problemas ." (Dahlgren, 2000, p.179).[2]

---

2.   Este artículo se benefició de las discusiones, con algunas vivas controversias, que tuvieron lugar durante el Seminario a distancia GPB 2022, y en las que participaron: F. Andrainantoanina, P. Bouquillion, E. George, B. Lafon,

5. REFERENCIAS BIBLIOGRÁFICAS

Arendt, Hannah (1958); *Condition de l'homme moderne*, Paris, Calmann-Lévy.

Dahlgren, Peter (2000); "L'espace public et l'Internet. Structure, espace et communication", *Réseaux*, vol.18, N°100, pp.157-186.

Fraser, Nancy (2001), "Repenser la sphère publique: une contribution à la critique de la démocratie telle qu'elle existe réellement", *Hermès*, N°31, pp.125-156.

Haber, Stéphane, (2012), "Un espace public néo-capitaliste? Habermas, un demi-siècle après", *Variations 16*, http://journals.openedition.org/variations/204.

Habermas, Jürgen, (1962/ 1978): *L'espace public, Archéologie de la publicité comme dimension constitutive de la société bourgeoise*, Paris, Payot.

Habermas, Jürgen (2006): *Idéalisations et communication: Agir communicationnel et usage de la raison*, Paris, Fayard.

Lafon, Benoît (dir). (2019): *Médias et médiatisation: Analyser les médias imprimés, audiovisuels et numériques*, Grenoble: PUG.

Mattelart, Armand (2007): *La globalisation de la surveillance – Aux origines de l'ordre sécuritaire*, Paris, La Découverte.

Miège, Bernard (2010): *L'espace public contemporain*, Grenoble: PUG.

Miège, Bernard (2020): *La numérisation de la société – Points de repères et enjeux*, Grenoble, PYG.

Miège, Bernard (2022 -a); "Experiencias Globales de la investigacion y la innovacion docente sobre communicacion en tempos de crisis », Rainer Garcia-Rubira, Flavia Gomes - Franco e Silva, Carmen Caffarel-Serra, eds., libro electronico, Unesco/ Orbicom, pp. 61-73.

Miège, Bernard (2022-b); "Some major questions for research in Information and Communication today (De quelques questions majeures pour la recherche en Information – Communication aujourd'hui)", JOCIS, journal

P. Moeglin, I. Pailliart y G. Tremblay. Sin embargo, las conclusiones que se presentan aquí son personales.

of creative industries and cultural studies, www.jocis.org, vol 9, august-december 2022, pp. 49-65.

Pailliart, Isabelle (2019); "Médiatisation et espace public" in Lafon B. *Médias et médiatisation*, Grenoble, PUG, 2019.

Schlesinger, Peter (2020); "After the post-public sphere", *Media, Culture and Society*, Vol.42 (7-8), pp.1545-1563.

Vlassis, Antonio; (2021): "Global online platforms, COVID-19 and culture", *Media, Culture and Society*, Vol.43, (5), pp. 957-969.

Zuboff, Shoshana (2020); *L'âge du capitalism de surveillance*, Paris, Editions Zulma.

Los enemigos de la sociedad abierta

Juan Carlos Miguel de Bustos

Euskal Herriko Unibertsitatea (Universidad del País Vasco)

Resumen: Las democracias tienen muchos años y no gozan de muy buena salud, porque no se han buscado mecanismos de creación y potenciación de la esfera pública y de las relaciones entre políticos y representados. Una base teórica de las democracias es la existencia de información suficiente para poder saber sobre qué deliberar y sobre la evaluación de las acciones que realicen quienes han sido delegados, mediante voto, para ello. Hoy, el problema se agrava porque el exceso de información significa que resulta difícil evaluar la calidad de la información, porque resulta imposible distinguir la desinformación, aunque esta sea poca. La salud de las democracias no va aumentar por la introducción de la Inteligencia artificial, sobre todo porque la esencia de las democracias es la deliberación, la discusión sobre las prioridades y sobre los valores que están en la base. Resulta imposible concebir un parlamento basado en Inteligencia artificial, porque eso significaría la eliminación de valores como discrepancia, acuerdos, políticas sociales, igualdad, diversidad, y pluralismo. Ha llegado la hora de innovar la democracia, y no de introducir más posibles sesgos.

Palabras clave :

Esfera pública - democracia – algoritmos – desinformación – inteligencia artificial

1. LA DEMOCRACIA Y ALGUNOS DE SUS ENEMIGOS. LA AGENCIA EPISTÉMICA EN PELIGRO

El 46% de los habitantes del planeta viven en algún tipo de democracia, y sólo el 8% de la población vive en una de las 24 denominadas democracias plenas (Economist, The, 2023b). Y la fe en la democracia es alta (85%, de media) (Alliance of Democracies, 2024).

En 2024, 76 países y más de 4.000 millones de personas celebran elecciones. Existen centros de seguimiento de las elecciones, como el sitio The Rest of the World (https://restofworld.org/2024/elections-ai-tracker/) en el que se ofrecen ejemplos de uso de la IA utilizada para la desinformación: una *deepfake* de Donal Trump, en febrero de 2024 en la que apoya al Primer Ministro pakistaní Imram Khan, en prisión, y que dice que si gana las elecciones le liberará. Por otro lado, más de 200 organizaciones civiles en USA reclaman a las redes sociales mayor esfuerzo para que sean seguras y saludables. En concreto se demanda que, en períodos electorales, se refuerce la lucha contra la desinformación, que establezcan la identificación de contenidos generados por IA, que reduzcan la visibilidad y difusión de contenidos que hayan sido informados como sospechosos, que se moderen de la misma forma las cuentas de políticos que las de personas corrientes, y que se aumente la transparencia relativa al uso de qué herramientas se utilizan para la moderación de contenidos y el entrenamiento de datos (Free Press, 2024).

El modelo de Warren de sistemas democráticos (2017) se define mediante tres funciones principales (inclusión, agenda colectiva y capacidad colectiva de decisión, y siete prácticas políticas institucionalizadas: reconocimiento, resistencia, deliberación, representación, voto, juntarse y salir. No se trata de desarrollar aquí el modelo en profundidad, pero sí las funciones, porque son las que van a poder ser relacionadas con la utilización democrática de las tecnologías, en concreto, de la IA. Las tres funciones pueden ser vistas como tres peldaños de una escalera, siendo el suelo la realidad con sus problemas y cuestiones que hay que resolver. El primer escalón, la *inclusión*, se refiere a la capacidad de asociarse para influenciar las decisiones que hagan los Gobiernos y las administraciones. Implica el derecho a la libertad de comunicación; el segundo es la *agenda colectiva,* que se refiere a los procesos de deliberación, de negociación, de debate a través de los cuales los individuos, o sus representantes, llegan a acuerdos; el tercer escalón es la *acción*. Las anteriores decisiones se llevan a cabo, para resolver diferentes problemas. En todos los escalones una información veraz y suficiente se muestra necesaria. En la base, el conocimiento de la realidad y de los problemas es fundamental, y es la condición necesaria para poder organizarse y discutir sobre qué acciones pueden y deben ser realizadas, lo cual lleva al siguiente escalón en el que se deben buscar acuerdos que se pongan en práctica. Se puede decir que la democracia se basa en la información: una ciudadanía informada puede participar más y mejor y deliberar sobre diferentes aspectos.

La democracia tiene múltiples enemigos, muchos de ellos relacionados con la información. Se lee menos, se desconfía de los medios clásicos y se comenta menos, y ello en un contexto creciente de sobreinformación y desinformación. Altay, et al. (2024) realizaron un estudio en 46 países, entre 2015 y 2022, y concluyeron que las personas tienden menos a participar en relación a las noticias (compartiendo o comentando las noticias en las redes sociales). También encuentran una relación inversa entre el grado de participación en las noticias y la polarización: una menor participación implica una mayor polarización. El descenso en participación puede ser explicado, en parte, por el descenso en la credibilidad de las noticias. En España el 40% de las personas desconfían en las noticias, y únicamente el 33% confía (Digital News Report España, 2023).

En un contexto de exceso informativo en la que coexiste todo tipo de calidades de la información y de desinformación, se vuelve cada vez más necesaria la existencia de sitios o de medios de comunicación que ofrezcan garantía de veracidad, contrastación, etc. La desinformación es considerada el máximo riesgo en los dos próximos años (World Economic Forum, 2024, p. 8). Las redes sociales se sitúan en el centro de la creación y distribución de los problemas. Lorenz-Spreen et al (2023, p. 78) hacen una recesión sistemática de la literatura existente sobre la relación entre las redes sociales y las diferentes actividades. Parece que fomentan la participación, pero contribuyen a la pérdida de confianza en los gobiernos, en los medios, en la sociedad, en la política y en las instituciones. Las redes sociales plantean un problema fundamental, porque son las redes sociales quienes establecen la política de qué debe ser permitido y qué no. Y esto lo hacen sin la debida transparencia y sin los debidos mecanismos de petición de subsanación en caso de anulación de alguna foto o publicación. Esto influye en la esfera pública, no sólo porque tienen una inmensa capacidad de crear y diseminar contenidos que les favorezca o que estén de acuerdo con sus dirigentes, sino porque además estructuran la propia esfera pública, influenciando qué contenidos pasan y cuáles no, cuáles son hiperrepresentados (los virales) y cuáles no. La curación de contenidos dista de ser perfecta y además, se han reducido efectivos humanos en alguna de ellas. Según NYU Stern Center for Business and Human Rights, (2024) esta reducción de efectivos humanos dedicados a las tareas de gestionar los contenidos relacionados con la provocación, el odio, la desinformación, etc. constituyen el primer riesgo de las elecciones norteamericanas: Elon Musk despidió al 80% de los empleados de Twitter, a principios de 2023 y Meta despidió más de 20.000 empleados en 2022. Otro riesgo son los contenidos generados con IA. Por ahora, los datos son espectaculares. NewsGuard es uno de los lugares más conocidos de lucha contra la desinformación. Hace un seguimiento de los sitios de noticias que están generados únicamente por Inteligencia Artificial, y analiza sitios que tienen contenidos maliciosos. En mayo de 2024 (NewsGuard's Reality Check (2024) NewsGuard identificó 739 publicaciones en X casi idénticas, en las que había coincidencia de formato con un formato habitual: "Hola. Soy [nombre], tengo [edad] y vivo en [Estado] y NO votaré por Biden", cada una con una supuesta foto personal; mostraban signos típicos de falta de autenticidad, como el uso de un nombre diferente al que figura en la cuenta, que afirmaba ser ciudadano estadounidense, mientras que la biografía del usuario indicaba un país diferente.

Según NewsGuard, entre mayo y diciembre del 2023, el número de sitios que ofrecía datos creados con IA pasó de 49 a 600. Aún es pronto para hacer la evaluación de su incidencia. Pero esta no va a ser despreciable. Estos sitios buscan financiarse con publicidad, y mezclan en proporciones diversas noticias verdaderas con falsas. Wihbey (2024) considera que la IA va a afectar a tres ámbitos: el periodismo, la moderación de contenidos de las redes sociales y las encuestas. En primer lugar, debe señalarse una profunda contradicción inherente a la IA, que podemos denominar riesgo epistémico. La IA está entrenada sobre contenidos del pasado; sin embargo, la democracia mira hacia adelante. Además, no existe garantía sobre la calidad de los contenidos utilizados, ya que resulta imposible restablecer la evaluación, por ser múltiples las fuentes, y porque además resulta difícil conocer los mecanismos utilizados y el orden de la selección de los productos. Además, los contenidos que no se utilizan en el entrenamiento de la IA, pudieran ser más importantes que los utilizados. El entrenamiento de la IA, hasta ahora se ha realizado más con lo disponible y con lo accesible, con la búsqueda de la calidad de los resultados, e incluso se utilizan contenidos creados para ser utilizados en el entrenamiento. En este caso los valores democráticos debieran primar a la hora de establecer la selección. Ahora las empresas de IA están realizando contratos con medios y de comunicación, lo cual les garantizaría contenidos de más calidad, a priori.

El periodismo generado por IA esconde varios problemas. No sólo le va a ser difícil al algoritmo establecer la extensión de cada artículo, dependiendo de la importancia de la noticia. Los sitios que ofrecen noticias generadas por IA suelen tener casi matemáticamente la misma extensión y el mismo tamaño de la fotografía (IA también). No incluyen el contexto y no citan a personas expertas, políticas, etc. En ellas trabajan muy pocas personas, y además van a buscar financiación por publicidad. Cabe pensar que resulta difícil que estos sitios establezcan un modelo de negocio basado en la suscripción. Van a caer en los problemas que ya caracterizan a las redes sociales y que es visible en algunos periódicos, como es la búsqueda de la viralidad.

Otro riesgo, está asociado con la explotación de encuestas. Estas son caras de realizar. En período de elecciones, se multiplican los estudios sobre la intención de voto, valoración de las personas que tiene responsabilidades políticas, etc. Desde el momento que la IA se relaciona con la exactitud (probabilidad 100%), la utilización de la IA para hacer valoraciones sobre las personas o para establecer tendencias resulta fácilmente previsible. Wihbey (2024) ofrece datos de una investigación realizada al principio de la guerra de Ucrania, y ChatGPT3.5 ofrecía resultados, que han sido contrarios a lo que ha sucedido; en concreto señalaba que Estados Unidos no apoyarían a Ucrania.

En febrero 2024, Varias empresas, entre ellas Adobe, Amazon, Google, Meta, OpenAi, Microsoft y X, firmaron un documento destinado a combatir el uso engañoso de la IA en las elecciones de 2024. El uso engañoso es definido como "aquellos audios, vídeos y/o imágenes creíbles, generados por IA que falsifican o alteran engañosamente la apariencia, voz o acciones de candidatos políticos, funcionarios electorales y otras partes interesadas clave en una elección democrática, o que proporcionan información falsa a los votantes sobre cuándo, dónde y cómo pueden votar legalmente". (VVAA. 2024). Son conscientes de que la IA crea oportunidades, pero también riesgos a la democracia. Es interesante, porque voluntariamente acuerdan invertir en prevenir, detectar, evaluar los riesgos. Incluso acuerdan el objetivo de promover la educación en los medios. Estas empresas ofrecen declaraciones, pero la realidad muestra que no ponen los medios necesarios para conseguirlas.

El exceso de información, la desinformación, la dificultad (imposibilidad) de curación de contenidos por las redes sociales, la polarización, todas ellas amplificadas por la IA, afectan a la agencia epistémica (epistemic agency). Coeckelbergh (2022) considera esencial estudiar la forma en que los ciudadanos controlan sus creencias, y cómo estas creencias se forman y cambian (epistemic agency); en otras palabras, necesitamos tener algún control sobre cómo se forma nuestro conocimiento de la política. Si yo no creo en las noticias, o si no puedo discernir qué es desinformación, no puedo estructurar mis creencia y opiniones, y menos voy a aceptar lo que las otras personas piensan, "en un entorno en el que no se ve claramente que es verdad, qué es real, no puedo ejercer mis capacidades de epistemic agency" (Coeckelbergh, 2022, p.1344).

El 88% de la población USA considera que las noticias falsas causan mucha confusión (64%) o bastante confusión (24%) (Statista, 2016). En cuanto al porcentaje de personas que estuvo en 2022 ante desinformación varía por temas: alrededor del 50% a nivel mundial sobre la Covid 19; sobre política, en Europa el 34%, en USA, el 45%, y el mayor valor en Latinoamérica (51%). Esto es esencial en una democracia; en un régimen autoritario se pierde el control sobre las creencias y opiniones, porque no pueden ser manifestadas. En la medida en que somos personas diferentes, contrastamos, coincidimos o no en algo, o en mucho. Si no podemos formar o modificar opiniones no tiene sentido el voto; ni la deliberación eso es el autoritarismo. Por ello, el incremento del populismo pone en peligro la democracia, porque contribuyen a la pérdida de control sobre la agencia epistémica y son quienes más se benefician de ello. Y, esta apertura al autoritarismo y al populismo, puede venir acompañada de una tecnologización de la sociedad (la algocracia) (Tokay, 2024). ¿Cómo se le va a dar el poder a quienes no saben y no distinguen la verdad de la no verdad?

2. DEMOCRATIZACIÓN ES SINÓNIMO DE REGULACIÓN DE LA IA

La democracia tiene problemas con la desinformación, las imágenes y los videos fake, pero la IA tiene un problema democrático. El hecho de que sean muy pocas empresas las que controlan la IA, la nube, la publicidad, las relaciones, etc. les confiere un enorme poder frente a la poca regulación que se realiza.

Multimillonarios propietarios de varias empresas tecnológicas californianas quieren construir una ciudad denominada California for Ever, en la que habitarían cientos de miles de personas, y en las que la tecnología digital estaría omnipresente: "si pudiéramos rediseñarlo todo y no tener que lidiar con todos los problemas heredados que existen en las ciudades, entonces todo sería mucho más fácil." (CBS News, 2024). No explicitan el uso de algoritmos, pero se supone. Esta es una muestra de cómo cada vez más se muestran las tecnologías como solucionadoras de todos los problemas existentes. Por supuesto que solucionan todos los problemas, y que no crean ninguno. Y hasta que no ha pasado un cierto tiempo desde su implantación, no se habla de los problemas y de los riesgos de una innovación. Mientras tanto, lo que caracteriza a las innovaciones es el solucionismo (Morozov, 2015).

La IA está diseñada por empresas privadas; se supone que para beneficio de los usuarios. El diseño de las innovaciones refleja los intereses de las empresas y de sus stakeholders, y no los de los consumidores o ciudadanas. (Sanders, N., Bruce Schneier, B. and Eisen, N. 2024). Gioia (2024) ofrece ejemplos de imposición. Cuando un sistema de recomendación ofrece una sugerencia para que continúes viendo un contenido, ¿por qué no ofrecen la posibilidad de colocar en off esta posibilidad?, porque la prolongación de la atención que buscan las redes sociales y plataformas se vería disminuida. Los algoritmos no están creados para nuestro beneficio, sin que eso signifique que no los ofrezcan. Si hubieran estado diseñados de otra forma y/o en otro contexto, ofrecerían beneficios, posiblemente diferentes a los que hoy conocemos. Sólo de después de la creación de Chat GPT, en 2023 se comenzó a hablar de la cantidad de contenidos basura (*enshittification*) que ha comenzado a multiplicarse en Internet, porque hasta la mínima prueba con el *prompt* más simple que hacemos utilizando la IA se añade a los contenidos preexistentes. El término *enshittification* comienza a utilizarse para dar cuenta de la progresiva pérdida de calidad y el deterioro que implica la multiplicación de contenidos creados con la IA. Si antes había exceso de contenidos, ahora aún más, con un porcentaje de ellos apenas sin valor. Esto era previsible, y sin embargo sólo se ponía el acento en los beneficios posibles.

Muchas decisiones en diferentes ámbitos de las Administraciones se apoyan en algoritmos (sentencias, concesiones de derechos de asilo, etc.). Incluso se habla de gubernamentabilidad algorítmica, en la que la política y lo social estarían basadas en los datos y los algoritmos. Esto significaría el fin de la política, del derecho, y de cualquier tipo de normas. (Rouvroy, 2020). Aquí, la norma algorítmica implica que los algoritmos y los datos reflejan lo real, son lo real.

Existe un problema central y es que cada vez más las innovaciones – en este caso la IA- es cada vez más interpretada en lo probable (el ser humano piensa sobre lo posible). Y lo probable se asocia con exactitud (100% de probabilidad), cuando la exactitud, no existe en CC. Sociales. Este pensamiento de certeza y de exactitud se enfrenta radicalmente a cualquier definición de democracia, sobre todo si se aplica no sólo a determinadas tareas, como las señaladas y se va más allá, por ejemplo, en el diseño de textos, planificaciones, elaboración de presupuestos, deliberación, pactos, etc.; es decir de todas aquellas acciones que no son tan fácilmente automatizables, y cuyo intento de automatización implica negar la política y por ende la democracia. Sería como reinstaurar el principio económico de la planificación de la economía, pero aplicado a la política. Resulta curioso pensar que quienes han negado la todo lo relacionado con la planificación como enemiga total del mercado y por tanto de la concepción liberal, ahora buscarían la exactitud en los procesos de democracia deliberativa.

Innerarity (2020) es uno de los filósofos que más han reflexionado sobre la democracia y su relación con la IA. Señala (Innerarity, 2020. 90) que el interrogante principal es qué lugar ocupa la decisión política en una democracia algorítmica. La cuestión es interesante, pero deberíamos pensar es si es posible una democracia algorítmica y si los algoritmos pueden ser democráticos y contribuir a la democracia. Más interesante es su pensamiento (p 93), cuando señala que "cómo configurarse la automatización para no sacrificar valores claves de la convivencia democrática y qué tipo de innovaciones democráticas debemos acometer para no privarnos de los beneficios de la automatización". Sin embargo, a esto debe añadirse una pequeña reflexión previa, sobre qué tecnologías incorporamos para la automatización, o de forma aún más teleológica, cómo se innova, quienes lo hacen, con qué objetivos, etc. De hecho, en la p. 94 señala que "cada vez tenemos a nuestra disposición más tecnologías que apenas entendemos y muchos menos controlamos". Un principio de precaución debería guiar la posibilidad de utilizar estas tecnologías que no entendemos, que no se controlan, y que cada vez son menos controlables.

Se ha creado un Consejo de seguridad sobre la IA en Estados Unidos, auspiciado por el Departamento de Interior. (Homeland security (2024). En principio están académicos, empresarios y sociedad civil, pero más de la mitad son empresas. ¿Es esta la proporción necesaria para analizar los impactos económicos, sociales y científicos, para después proponer mecanismos de regulación?

En mayo de 2024, se presentó en el Senado USA un informe de 32 páginas sobre la IA (Summer, 2024) que concluía sobre la necesidad de invertir 32 milliardos de dólares en IA no relacionada con la defensa. Este informe ha tenido muchas críticas porque cae en los mismos errores de regulación que con las redes sociales, es decir no haber hecho nada, o casi nada. Sí que se señala la urgencia a discutir y tomar decisiones sobre TikTok, pero no sobre la IA. Mientras las empresas relacionadas con la IA están contentas por la importancia de los fondos, de las que ellas serán partícipes, la sociedad civil está muy descontenta, porque apenas se hace mención a los sesgos que se han detectado en la IA y se observa la influencia de los lobbies de las empresas (Zakrzewski, 2024).

Por otro lado, la Organización de Naciones Unidas adoptó un texto sobre la promoción de la seguridad, la confianza y la promoción de los derechos humanos. United Nations (2024). No obstante, por ahora el texto más serio y más científico es el elaborado por Bengio (2024a), presentado en la cumbre de Seúl del 2024. El capítulo cuarto analiza los riesgos de todo tipo, a nivel individual, y social, que plantean la posibilidad de fakes. También se analizan los denominados riesgos sistémicos, que afectan al mercado laboral, al copyright, a la concentración de empresas, brecha de la IA entre países, etc. El capítulo 5 propone soluciones, que afectan a todas las actividades (de creación y entrenamiento de los sistemas IA, el seguimiento, la transparencia, la mitigación de riesgos, etc.). Un texto complementario y todavía aún más académico señala los riesgos que pueden significar las "agentic AI", es decir aquella

IA que tiene autonomía de planificación y de acción, con poca intervención humana.

La democratización de la IA implica cambios en el ámbito de las empresas, y de hecho constituye la mejor regulación. Mientras que anteriormente se señalaba que era la persona holística la que trabajaba (con sus convicciones políticas incluidas), hoy se disciplina el comportamiento y se niega la expresión y la discusión sobre temas "políticos"; si bien los dirigentes, como Zuckenberg, si lo hacen. No sólo se disciplina, sino que se castiga, a veces, con el despido. Es lo que sucede en 2024 con las protestas contra Israel. Brian Amstrong, CEO de Coinbase lo resume, en 2020: "Sé primero empresa". Eso significa que debes primar los objetivos de la empresa por encima de todo objetivo individual o grupal. (Schiffer, 2024). La cuestión es que a veces las protestas son con respecto a la cooperación de Google en proyectos con Israel, como el proyecto Nimbus. Las protestas de los empleados de Google han supuesto que Google despida a 50 trabajadores. (Sainato, 2024). También en Apple ha habido un despido a un trabajador por llevar símbolos palestinos Wired (2024)

Coeckelbergh (2022, p. 1349) también piensa que debe haber políticas que logren que las empresas de IA investiguen, creen y empleen IA que mejore la democracia. Decir esto es fácil, pero las dificultades de hacerlo son enormes. Las empresas de IA, lo mismo que las de las redes sociales se han constituido y se les ha dejado llegar a un lugar, de difícil retorno. A las empresas de IA se les ha permitido robar ingentes cantidades de datos y se les ha permitido grandes atentados contra la privacidad, sin que se haya hecho nada. También se les ha permitido a los GAFAM adquirir empresas, sin control, que ahora se han lanzado también a la IA. Radsch, (2024) es muy radical y considera que se les debiera haber obligado a las empresas que han utilizado datos sin permiso que anulasen los algoritmos y los modelos que han construido.

Hasta que no inventemos otra forma, la democracia es la institución que utilizamos para deliberar, escoger y actuar, en un contexto de indeterminación, de complejidad creciente en todos los ámbitos. Noorman y Swierstra (2023) consideran que lo que debe realizarse es desarrollar democráticamente y utilizar las tecnologías de forma que se salvaguarde la legitimidad democrática. En última instancia, podemos pensar que lo que hay que hacer es democratizar el propio sistema democrático; esto implica democratizar los algoritmos y democratizar su uso. Democratizar la IA es debatir cómo la IA puede reforzar las instituciones democráticas. Más que hablar de cuestiones técnicas y de optimizaciones, se trata de ver cómo `puede potenciar la deliberación y el pluralismo y cómo puede incorporar el liderazgo político (Sætra, et al, 2022). Esta democratización requiere que los Estados y las Administraciones no sean únicamente reguladores, sino también actores, desarrollando tecnologías de IA que tengan como finalidad objetivos democráticos. Cambiarían mucho las cosas si en el entrenamiento de las IA se utilizasen datos que respeten todo lo que deba ser respetado (copyright, privacidad, sin sesgos, etc.). (Sanders et al., 2024). Un buen ejemplo lo constituye la National Artificial Intelligence Research Resource Pilot, ınorteamericana, creada en 2024.

En ámbitos como la salud, existe mucha investigación que se realiza en los hospitales y centros públicos; de la misma manera se pueden crear organismos de desarrollo y de investigación de tecnologías IA aplicadas a diferentes actividades, siendo una de ellas la democrática. De paso nos obligaría a repensar nuestras concepciones sobre la democracia, y nos ayudaría a mejorarlas. Se eliminaría así muchos de los riesgos que afectan a la tecnología IA: sesgos, falta de transparencia, responsabilidades difícilmente atribuibles. Otro de los problemas es el gap existente entre las personas expertas en IA y las personas comunes. (Noorman y Swierstra, 2023, pp. 568 y 574). El apoyo a la investigación pública y privado-pública debería ser compaginado con un cierto control (transparencia) de la innovación realizada por las empresas privadas.

Más allá de discusiones filosóficas, en los gobiernos democráticos ya se están utilizando la IA, de manera no democrática, porque no es transparente; es el caso de las tecnologías de vigilancia (Smith, 2019).

Estas tecnologías confieren a los gobiernos una capacidad ilimitada de monitorear las actividades de los ciudadanos. La justificación va a ser la prevención de delitos, la lucha contra el terrorismo, etc. Con esto se justifican las acciones de vigilancia sin posibilidad de que sean discutidas, y puestas las medidas para prevenir los abusos.

Aytac (s.f.) plantea la presencia de ciudadanos elegidos al azar que forman parte de las estructuras de las corporaciones, no fuera. Indudablemente estos no tendrán conocimientos técnicos, en general, pero podrán contratar a expertos exteriores que pudieran contratar para detectar potenciales sesgos, o cualquier particular. Buscarían democratizar los procesos de democratización y por tanto las IA.

Simons (2023, p. 180) habla de un nuevo proceso regulatorio, mediante la creación de una nueva categoría de empresa sujeta al control público y gobernanza democrática: las utilidades democráticas. Google y Facebook estructuran la esfera pública y organizan el ecosistema de información. Claro, que serían empresas diferentes. Supone pensar todo aquello a lo que nos hemos acostumbrado y vemos como natural; por ejemplo, el ranking que propone Google en una búsqueda, dista mucho de ser natural, porque dependen entre otras cosas de quien los haya esponsorizado. El ranking es además una especie de censura (Simons, 2023, p. 195). Debería primar el público interés sobre la publicidad, y la diversidad. Da ideas, como por ejemplo colocar en Facebook un botón de serendipia, para romper los procesos de *burbuja de filtro*, o en Google un botón que pueda mostrar lo que no quiero ver. La solución está en el aire, como en la canción.

Se repite que vivimos en un mundo global, y sin embargo continuamos creando leyes y reglamentos a diferentes niveles. En (https://www.fairly.ai/blog/map-of-global-ai-regulations) se encuentra un mapa de la regulación de la IA, por países y ámbitos. La multiplicidad de textos aumenta la confusión y hace que resulte imposible el establecimiento de una regulación diferente a la actual.

3. CONCLUSIONES

La aparición de redes sociales ha significado la multiplicación de problemas (desinformación, polarización, problemas mentales en adolescentes, propaganda, opacidad) y también se "regula" a posteriori. Ha habido voces para que no se caiga con la IA en el error que se ha cometido con las redes sociales al no haber regulado.

Los algoritmos son instituciones sociales que se crean, implementan y desarrollan a través de la acción humana. Se emplean en seguridad. Y su utilización influye, aunque no se explicite, en cómo se concibe la seguridad. Además, se realizan de forma no trasparente, por lo que puede resultar fácil caer en abusos, especialmente en el área de la privacidad. Por otro lado, el despliegue de las cámaras retraerá determinadas personas, a la hora de manifestarse.

La IA encierra dos grandes riesgos. Uno, filosófico, y es que los algoritmos, tal como se han creado y cómo los utilizamos, eliminan la posibilidad de pensar en cómo son las cosas, y en cómo deben ser (democráticamente decidido). Los algoritmos han sido "educados" en datos del pasado y los datos que dan no integran el futuro. El otro riesgo, es político y es consecuencia del anterior. Se eliminan los debates y su posibilidad. Los algoritmos de las redes sociales han propiciado el individualismo (se habla de personalización), de forma que cada persona llega a sentirse única y diferente, porque le llegan mensajes o recomendaciones personales. Las informaciones también son personales, pero están destinadas más que a ser leídas a ser reenviadas o etiquetadas con "me gusta". Difícilmente se comentan, por lo que no puede hablarse de un gran espacio público digital.

Lo que se puede esperar, la principal consecuencia es lo que Rouvray (2024) señala cuando dice que los algoritmos hacen que nada cambie. Si han sido entrenados en la desigualdad, el sesgo, la desinformación, la no defensa de la privacidad, los algoritmos suponen la continuidad del estado de cosas. La democracia, lo que debe incluir es el cambiarlas. Difícil hacer esto con los algoritmos.

Los algoritmos ya se utilizan en actividades como en las sentencias judiciales. Independientemente de las dificultades de su aplicación, lo que sí que cambia es el sentido de la justicia, o mejor dicho de su aplicación, porque difícilmente puede pensarse en que una sentencia generada por IA sea recurrida con IA y de nuevo sentencia IA. Además, los algoritmos que se utilizan en sentencia o en otras actividades reproducen esquemas de poder, porque las empresas más potentes o gabinetes de abogados más potentes tendrán acceso a algoritmos más entrenados y más potentes, incluso que los de los jueces.

Democratizar la IA y los algoritmos significa retomar la posibilidad de poder volver a regular, en este caso, la IA. Las empresas que han utilizado los datos para entrenar algoritmos han depredado, porque lo han realizado con sus potentes recursos, sin respetar las normas de propiedad intelectual y de privacidad. Y, no se ha hecho nada; porque parece que ya sólo pensar en hacer algo es ir en contra de la innovación y del libre mercado. Nos acostumbramos a no hablar de los problemas y colocarlos a la sombra del sol que es la innovación. Debemos regular la concepción de los algoritmos, su entrenamiento y sus aplicaciones. Y después regular su aplicación democrática en diferentes actividades. A no ser que prefiramos aquello que empieza a tener diferentes nombres: algocracia o gubernamentabilidad algorítmica, en el que las deliberaciones no existen y las decisiones se realizan de manera algorítmica.

4. REFERENCIAS BIBLIOGRÁFICAS

Alliance of democracies (2024). DemocracyPerception Index 2024. https://www.allianceofdemocracies.org/wp-content/uploads/2024/05/DPI-2024.pdf

Altay, S., Fletcher, R., & Nielsen, R. K. (2024). News participation is declining: Evidence from 46 countries between 2015 and 2022. *New Media & Society*, 0(0).

Aytac, U. (s.f.). Big Tech, Algorithmic Power, and Democratic Control. Journal of Politics. https://philarchive.org/archive/AYTBTA

Bawden, D. (2020). Information Overload: An Overview. In: Oxford Encyclopedia of Political Decision Making. .Oxford: Oxford University Press.. https://core.ac.uk/download/pdf/286715468.pdf

Bengio, Y. et al (2024a).International Scientific Report on the Safety of Advanced AI.https://assets.publishing.service.gov.uk/media/66474eab4f29e1d-07fadca3d/international_scientific_report_on_the_safety_of_advanced_ai_interim_report.pdf

Bengio et al. (2024b.Managing extreme AI risks amid rapid progress .Science. https://www.science.org/doi/10.1126/science.adn0117#tab-citations

Borland, J. (2007). See Who's Editing Wikipedia - Diebold, the CIA, a Campaign wired. 14-8-2007.https://www.wired.com/2007/08/wiki-tracker/

CBS News (2024). Why tech billionaires are trying to create a new California city.. 19-5-2024.www.cbsnews.com/news/california-forever-tech-billionaires-planning-a-new-city-in-rural-solano-county/

CIS (2015). The Center for Internet and Society at Stanford Law School.China's Golden Shield: Is Cisco Systems Complicit?. https://cyberlaw.stanford.edu/blog/2015/03/china's-golden-shield-cisco-systems-complicit

Coeckelbergh, M. Democracy, epistemic agency, and AI: political epistemology in times of artificial intelligence. *AI Ethics* 3, 1341–1350 (2023).

Digital News Report España(2023). www.digitalnewsreport.es/2023/aumenta-la-desconfianza-en-las-noticias-40-pero-se-recupera-la-credibilidad-de-las-marcas-periodisticas-espanolas/

Economist, The (2023b). El índice de democracia. https://elordenmundial.com/mapas-y-graficos/el-mapa-del-indice-de-democracia/

Electoral Commission of South Africa (IEC) 2024. Principles and Guidelines for the Use of Digital and Social Media in Elections in Africa. https://www.elections.org.za/pw/Elections-And-Results/Principles-and-Guidelines-for-the-use-of-the-Digital-and-Social-Media-in-Elections-in-Africa

Free Press (FP) (2024). More Than 200 Groups Urge Leading Tech Platforms to Implement Election-Integrity Policies to Protect Democracy Worldwide. https://www.freepress.net/news/press-releases/more-200-groups-urge-leading-tech-platforms-protect-election-integrity

Haskins, C. (2024). Wired (2024). Apple Store Employees Say Coworkers Were Disciplined for Supporting Palestinians. https://www.wired.com/story/

apple-store-employees-disciplined-supporting-palestinians/?ref=platfor-mer.news

Fletcher, R., Cornia,, A. Graves, L. and.Nielsen, R. K.. (2018). Reuters Institute. Measuring the reach of "fake news" and online disinformation in Europe. https://www.digitalnewsreport.org/publications/2018/measuring-reach-fake-news-online-disinformation-europe/

Gidoia, T. (2024b). Let's Just Admit it: The Algorithms Are Broken. https://www.honest-broker.com/p/lets-just-admit-it-the-algorithms

González, R. J. (2022). he Rise of Silicon Valley's Digital Defence Industry. TNI. 7-2-2023.https://www.tni.org/en/article/militarising-big-tech

Homeland security (2024). Over 20 Technology and Critical Infrastructure Executives, Civil Rights Leaders, Academics, and Policymakers Join New DHS Artificial Intelligence Safety and Security Board to Advance AI's Responsible Development and Deployment. https://www.dhs.gov/news/2024/04/26/over-20-technology-and-critical-infrastructure-executives-civil-rights-leaders

Innerarity, D. (2020). El impacto de la inteligencia artificial en la democracia . Revista de las Cortes Generales, ISSN-e 2659-9678, ISSN 0213-0130, Nº 109, 2020, págs. 87-103.

Kheriaty. A. et al. (2024).The Closing of the Internet Mind. Ethics & Public policiy Center. 22-5-2024.https://eppc.org/publication/the-closing-of-the-internet-mind/

Kim, H. and Chan, K. (2024). AI companies make fresh safety promise at Seoul summit, nations agree to align work on risks. Globeandmail. 21-5-2024. https://www.theglobeandmail.com/investing/markets/indices/TXCX/press-releases/26338481/ai-companies-make-fresh-safety-promise-at-seoul-summit-nations-agree-to-align-work-on-risks/

IPSOS (2023. Global views on a.i. anddisinformation. https://www.ipsos.com/sites/default/files/ct/news/documents/2023-11/Ipsos_Global_Views_on_AI_and_Disinformation_full_report.pdf

Jones, J. (2024). Don't Fear Artificial Intelligence, Question the Business Model: How Surveillance Capitalists Use Media to Invade Privacy, Disrupt Moral Autonomy, and Harm Democracy. journal of Communication Inquiry.

https://journals.sagepub.com/doi/10.1177/01968599241235209?icid=int. sj-abstract.citing-articles.3#core-collateral-more

Lorenz-Spreen, P., Oswald, L., Lewandowsky, S. et al. (2023). A systematic review of worldwide causal and correlational evidence on digital media and democracy. Nat Hum Behav 7, 74–101 (2023).

Morozov , E. (2015). La Locura del solucionismo tecnológico. Katz/Clave intelectual

Mukherjee, M. (2024). Deepfakes and AI Trickery Are Disrupting the Biggest Election in History. walrus. 13-5-2024. thewalrus.ca/ai-india-election/

NewsGuard's Reality Check (2024).. Fake Accounts on X Say They're Not Voting for Biden. 20-5-2024. www.newsguardrealitycheck.com/p/fake-accounts-on-x-say-theyre-not?utm_campaign=email-half-post&r=23y8mk&utm_source=substack&utm_medium=email

Noorman, M., Swierstra, T. (2023). Democratizing AI from a Sociotechnical Perspective. *Minds & Machines* 33, 563–586 (2023).

NYU Stern Center for Business and Human Rights. (2024). NYU CBHR Election 2024 Report. https://bhr.stern.nyu.edu/publication/digital-risks-to-the-2024-elections-safeguarding-democracy-in-the-era-of-disinformation/

Politico (2024a). 'Uncharted terrain': How officials, campaigners and fact-checkers tackle AI's influence on elections around the world .https://www. politico.eu/article/uncharted-terrain-how-officials-campaigners-and-fact-checkers-tackle-ais-influence-on-elections-around-the-world/

Politico (2024b). Spot the deepfake: The AI tools undermining our own eyes and ears. https://www.politico.eu/article/spot-deepfake-artificial-intelligence-tools-undermine-eyes-ears/

Radsch, C. (2024). The Battle Over Using Journalism to Build AI Models is Just Starting. NiemanReports.https://niemanreports.org/articles/the-battle-over-using-journalism-to-build-ai-models-is-just-starting/

Rasmussen, S.H.R., Ludeke, S.G. & Klemmensen, R. (2023). Using deep learning to predict ideology from facial photographs: expressions, beauty, and extra-facial information. *Sci Rep* 13, 5257 (2023). https://doi.org/10.1038/s41598-023-31796-1

Rouvroy, A. (2020).La gouvernementalité algorithmique et la mort du politique. Green European Joiurnal.https://www.greeneuropeanjournal.eu/la-gouvernementalite-algorithmique-et-la-mort-du-politique/

Rouvroy, A. (2024). « Les algorithmes, un art de ne pas changer le monde ». Agir par la culture, 22-4-2024. https://www.agirparlaculture.be/les-algorithmes-un-art-de-ne-pas-changer-le-monde-entretien-avec-antoinette-rouvroy/

Rufo, S (2024).Larry Sanger Speaks Out. City Journal. 18-4-2024.https://www.city-journal.org/article/wikipedia-co-founder-shocked-by-npr-chief-katherine-maher

Shaffer, K. (2019). Data versus Democracy How Big Data Algorithms Shape Opinions and Alter the Course of History. Springer

Sanders, N., Bruce Schneier, B. and Eisen, N. (2024).How public AI can strengthen democracy https://www.brookings.edu/articles/how-public-ai-can-strengthen-democracy/

Sætra, H.S., Borgebund, H. & Coeckelbergh, M. (2022). Avoid diluting democracy by algorithms. *Nat Mach Intell* 4, 804–806 (2022)

Smith, Y.(2019) How AI Systems Could Threaten Democracy, naked capitalism, 29-4-2019. https://www.nakedcapitalism.com/2019/04/how-ai-systems-could-threaten-democracy.html

Standage, T. (2018). Information overload is nothing new. The Economist.21-6-2018. https://www.economist.com/1843/2018/06/21/information-overload-is-nothing-new

Summer, Ch. (2024. Driving US AI innovation in AI.

https://www.schumer.senate.gov/imo/media/doc/Roadmap_Electronic1.32pm.pdf

Schiffer, Z. (2024). How the tech industry soured on employee activism. Pla-6tformer. 16-5-2024. . www.platformer.news/tech-protests-gaza-israel-workplace-activism/?ref=platformer-newsletter

Simons, J (2023). Algorithms for the People: Democracy in the Age of AI. Princeton University Press.

Sainato, M. (2024). Workers accuse Google of 'tantrum' after 50 fired over Israel contract protest. TheGuardian. www.theguardian.com/technology/2024/apr/27/google-project-nimbus-israel

Smith, Y.(2024). Defending Privacy in the Surveillance State and Fragmenting Internet. Naked capitalism. 17-5-2024. https://www.nakedcapitalism.com/2024/05/defending-privacy-in-the-surveillance-state-and-fragmenting-internet.html

Statista (2016). Fake News Stories Are a Problem - But Who's to Blame?. https://www.statista.com/chart/7305/public-opinion-on-fake-news/

Tokay, G. (2024). Governance of algocracy. medium. 17-2-2024. https://medium.com/@tokay.gulen/governance-of-algocracy-8dcb8bcdf4f2

VVAA (2024). A Tech Accord to Combat Deceptive Use of AI in 2024 Elections. https://www.aielectionsaccord.com/uploads/2024/02/A-Tech-Accord-to-Combat-Deceptive-Use-of-AI-in-2024-Elections.FINAL_.pdf

United Nations (2024). General Assembly adopts landmark resolution on artificial intelligence. https://news.un.org/en/story/2024/03/1147831

Warren, M. E. (2017). A problem-based approach to democratic theory. American Political Science Review, 111(1), 39–53.

Wihbey, J.(2024)., AI and Epistemic Risk for Democracy: A Coming Crisis of Public Knowledge? (April 20, 2024). Available at SSRN: https://ssrn.com/abstract=4805026 or http://dx.doi.org/10.2139/ssrn.4805026

World Economic Forum (2024). Global Risks Report 2024. https://www3.weforum.org/docs/WEF_The_Global_Risks_Report_2024.pdf

Zakrzewski, C. (2024).Senators studied AI for a year. Critics call the result 'pathetic.'The Washing Post.. 15-5-2024. https://www.washingtonpost.com/technology/2024/05/15/congress-ai-road-map-regulation-schumer/

Igualdad y diversidad como valores centrales en el servicio audiovisual público: tres casos de periodismo con enfoque de género

Ruth de Frutos y Marta Rodríguez-Castro

Universidad de Málaga y Universidade de Santiago de Compostela

Resumen: En este capítulo se presenta una panorámica sobre cómo el servicio audiovisual público aborda el fomento de la diversidad y la igualdad, tanto a través de sus contenidos como a nivel de organización y producción. En primer lugar, se articula una aproximación a la agenda internacional y nacional en materia de comunicación y género; para posteriormente definir el concepto de valor público, bajo el que operan buena parte de los medios de servicio público, y que se vincula con los valores de diversidad, justicia social e innovación social. Tras abordar este contexto, se examinan la convergencia de estas dos áreas, presentando tres estudios de caso sobre periodismo con enfoque de género bajo el prisma del valor público: el proyecto "8M, cómo el machismo marcó nuestra adolescencia" de RTVE, la iniciativa 50:50 de la BBC y el apagón informativo detonado por el cierre de Télam en Argentina.

Palabras clave: valor público, periodismo con enfoque de género, medios de comunicación públicos, igualdad, diversidad

1. INTRODUCCIÓN

En un contexto de intensificación de la polarización política y social, la realidad sociocultural actual está marcada por las acciones de resistencia de los movimientos sociales por la igualdad y la diversidad. A pesar de los avances conseguidos a lo largo de las últimas décadas en materia de igualdad y de reconocimiento de la diversidad, la situación actual no puede definirse como justa. En este contexto, una ola reaccionaria cobra fuerza en las sociedades occidentales, traduciéndose en un aumento de la representación política de la extrema derecha en parlamentos regionales, nacionales y supranacionales.

Ante los desafíos que derivan de este contexto, el movimiento feminista, entendido como aquel que busca impulsar la igualdad de derechos para hombres y mujeres en todos los ámbitos, tanto en la vida pública como en la privada (Amorós y de Miguel, 2005), se redefine y amplía en la que ya se conoce como cuarta ola feminista. La historiografía de las reivindicaciones feministas ha sido tradicionalmente divida en fases u olas que, desde el siglo XVIII hasta la actualidad, han permitido categorizar las principales características de la infinidad de propuestas y formulaciones en su desarrollo, más allá de la inexorable búsqueda de la igualdad real y efectiva entre hombres y mujeres.

Diversas autoras han expuesto que estamos frente a la cuarta ola del movimiento feminista (Sosa Valcárcel et al., 2019), como forma de conceptualizar la continuidad y el cambio en la política feminista. Más allá de una cuestión generacional y/o identitaria, se considera el "*timekeeping* del feminismo" (Chamberlain, 2017, p. 45) de aquellos movimientos comenzados en América Latina gracias al #NiUnaMenos, que después se articulan en el "feminismo para el 99 por ciento", como lo caracterizan las académicas estadounidenses, concretándose en el #MeToo y también en la interseccionalidad del #BlackLivesMatter en 2017 y que tienen su episodio europeo en el #8M de España en 2018 (Ideograma, 2019).

La cuarta ola es la fase de la categorización teórica del movimiento feminista que se caracteriza por la denuncia de la cultura de la violación, el uso de las nuevas tecnologías, el humor, la interseccionalidad y la inclusión (Meléndez Malavé, 2023; Postigo, Vera y de Frutos, 2022; Sosa, Galarza y Castro-Martínez, 2019). Independientemente de su origen geográfico, objetivos y reivindicaciones, estas movilizaciones se caracterizan por una serie de dinámicas globalizadoras, que Puyosa (2015, p. 200-201) resume en: arranque emocional de la movilización y elaboración de marcos de injusticia; uso intensivo de la web y el teléfono móvil para la comunicación política autónoma; construcción de identidad colectiva a partir de marcos de valores y lenguaje propio del movimiento; debates sobre temas y valores en enclaves deliberativos; carácter difuso de las estructuras de movimiento y coaliciones fluidas de redes de activistas conectadas con múltiples organizaciones de naturaleza híbrida; dinámicas de capital social que combinan vínculos fuertes y vínculos débiles; acción colectiva para la ocupación del espacio público; acción política de contrapúblicos o contrahegemónica; conformación de redes con estructura de mundo pequeño y propagación de ideas por difusión en cascada o contagio de redes.

En este sentido, los medios de comunicación contribuyen a impulsar esta cuarta ola feminista, tanto a través de su cobertura y representación, como asumiendo un cambio interno en la producción de contenidos desde un prisma igualitario. Así, movimientos como el #MeToo, que se funda por la denuncia pública del acoso sexual en Estados Unidos; *#TimesUp*, que buscaba aumentar la presencia femenina y la diversidad en la industria audiovisual o #NiUnaMenos, movimiento aparecido como forma de respuesta al elevado número de feminicidios en Argentina, han impactado en el debate público y han conseguido cierta retroalimentación en la industria mediática, más allá de su impacto y difusión en las redes sociales (Postigo, Vera y De Frutos, 2022).

En esta línea, son numerosos los estudios que han apuntado al papel socializador de los medios de comunicación, que cuentan con el potencial transformador de coeducar en igualdad y en el respeto y fomento de la diversidad (Belmonte & Guillamón, 2008). De hecho, el Proyecto Global de Monitoreo de Medios (GMMP, por sus siglas en inglés) ilustra, cada cinco años desde 1995, la evolución de las mujeres como sujetos activos y pasivos de la información en prensa, radio y televisión, webs y a través de tuits de medios de 116 países e investigaciones recientes sobre la representación en series de ficción, tanto de LGBTIQA+ (Sánchez-Soriano et al, 2023) como de mujeres (Garrido y Zaptsi, 2021); así como en la cobertura informativa (Parratt-Fernández et al., 2023).

En concreto, los medios de comunicación de servicio público no solo comparten este potencial coeducador, sino que deben además promoverlo de forma activa como parte de su misión de servicio público (Gober y Iulia Nastasia, 2015).

2. GÉNERO Y COMUNICACIÓN: DE OBJETO A SUJETO, DE FUENTE A MEDIO

Los medios de comunicación fueron considerados una de las doce áreas de especial interés en la IV Conferencia Mundial de la Mujer de Beijing (1995). Incluso el Comité de Ministerios del Consejo de Europa hizo referencia directa a la igualdad de género y los medios en diversas resoluciones. En contraposición a estas ventajas propias de la cuarta ola, derivadas de la globalización y el uso de las nuevas tecnologías para incentivar la igualdad entre hombres y mujeres, en los medios tradicionales solo el 25% de los sujetos y fuentes de las informaciones entre 2015 y 2020 son mujeres, mientras que cuatro de cada diez historias son reportadas por mujeres, según el sexto y último GMMP (2020).

En el ámbito nacional, los estudios sobre género y comunicación han estado tradicionalmente relacionados con el papel de las mujeres en los medios, ya sea examinando su rol como profesionales de la información o analizando temas, enfoques y representación en las piezas periodísticas. Solo en los últimos años se han realizado aproximaciones holísticas (Postigo y Vera, 2022), incorporando la propia definición del término periodismo feminista y otros aspectos fundamentales para la reconstrucción del relato de estas profesionales y/o del colectivo LGBTI-QA+; como son las prácticas organizativas –dentro de los medios, como *freelancers* o trabajadoras a cuenta ajena– o sus rutinas prácticas periodísticas y sus consecuencias en la esfera profesional y privada.

Además de la esfera académica, del activismo feminista y la profesional, cabe destacar la importancia de la incorporación en la agenda del género y los medios de organizaciones como Naciones Unidas (ONU), institución que apostó firmemente por la constitución de sinergias entre estos tres ámbitos para la consecución de la igualdad real de derechos. Solo por destacar algunas iniciativas en esta línea, los indicadores de género para medios de comunicación (UNESCO, 2014; De Frutos, 2015) al igual que los condicionantes específicos por razón de género que aparecieron en el desarrollo del Plan de seguridad de Naciones Unidas del mismo año o, desde el ámbito de la formación a periodistas, el *El abc del género y la Comunicación* (UNESCO, 2020).

Por primera vez, en 2020 el 81% de los 116 países participantes en el GMMP recopilaron datos sobre indicadores de interés nacional, lo que permitió desagregar los resultados teniendo en cuenta las interseccionalidades y "comprender el tratamiento que los medios informativos les dan a sujetos y fuentes sobre la base de sus otras identidades, tales como raza, religión, clase/casta, situación migratoria y condición de discapacidad" (GMMP, 2020, p. 5).

Las historias acerca de violencia de género (VG) difícilmente son las principales noticias del día y cuando lo son, las mujeres y las niñas están drásticamente subrepresentadas como sujetos y fuentes. Solo el 1% de las historias de la muestra total se codificaron bajo el tema principal "relacionado con el género" que incluye noticias de diversas formas de violencia de género contra mujeres y niñas (ídem, 2020, p. 6).

Precisamente los condicionantes de género en las prácticas organizativas de medios hegemónicos, las consecuencias de las rutinas profesionales en mujeres y miembros del colectivo LGBTIQA+, así como la ausencia de determinados enfoques y temas, dieron lugar a la consolidación no solo de medios de comunicación nativos digitales y puramente feministas, como *Píkara Magazine* en 2010 o *La Poderío* en 2017 (De Frutos y Ceballos, 2024), y también la consolidación de medios que ya se venían dedicando al periodismo con perspectiva de género, como AMECO Press desde 1994, Mujeres en red desde 1996 o la mexicana CIMAC desde 1988. La popularización de estos enfoques también permeó en la estructura de los propios medios con la creación de nuevas figuras como las editoras de género (Iranzo-Cabrera, Figueras-Maz, Mauri-Ríos, 2023), desde *The New York Times* en 1997 a Eldiario.es en 2018 a Télam, nacida en Argentina en 2020.

Así, el papel de algunos medios de comunicación tradicionales y hegemónicos en la cobertura de los principales hitos de la cuarta ola urgieron a crear nuevos espacios periodísticos, basados en lenguajes diversos e inclusivos que, mediante la creación de nuevas narrativas y prácticas profesionales y organizativas fuesen capaces de denunciar las vulneraciones que sufrían las personas por su sexo, identidad de género, o diversidad afectivo-sexual. En palabras de la editora de Igualdad de TVE, Carolina Pecharromán:

> Tener perspectiva de género nos hará mejores periodistas porque nos ayudará a comprender mejor el mundo que debemos contar y explicar a la ciudadanía. (…) Nos plantea preguntas y nos ayuda a encontrar respuestas. ¿Qué es la práctica periodística sino plantear preguntas sobre acontecimientos complejos para desentrañarlos y llegar a comprenderlos? ¿Qué es sino asumir con humildad que no lo sabemos todo, que la realidad nos puede sorprender con giros inesperados como el que ha representado esta pandemia y que debemos tener una mente abierta y preparada para poder enfrentarnos a ellos? (Pecharromán en Grijelmo, 2023, p.17)

3. LA CREACIÓN DE VALOR PÚBLICO A PARTIR DE LA IGUALDAD Y LA DIVERSIDAD

Desde que la BBC integró por primera vez en su gestión el concepto de valor público en su Royal Charter de 2007, este término se ha expandido al sistema audiovisual público europeo. En la actualidad, la noción de valor público se asocia a la capacidad de los medios públicos de satisfacer las necesidades de la ciudadanía a la que sirven, poniendo el foco, precisamente, en la innovación y en la colaboración (Moore, 1995).

Definir el valor público es una tarea compleja que debe ser abordada dentro de cada organización en función de su capacidad operativa, su legitimidad y las necesidades de la ciudadanía a la que sirve (Moore,

1995). En el caso de los medios públicos, se da cierta coincidencia a la hora de entender el valor público como una ampliación de la misión de servicio público, un objetivo estratégico que dirige toda su actividad hacia la creación de valor para la ciudadanía y otros grupos de interés. Así, la conceptualización del valor público conecta con la propuesta de valores esenciales del servicio audiovisual público propuesta por la European Broadcasing Union (EBU), vertebrada en torno a la universalidad, la independencia, la excelencia, la diversidad, la rendición de cuentas y la innovación (EBU, 2012).

Desde la academia también se ha abordado la conceptualización de este término. Cañedo et al. (2022) elaboran una propuesta de definición del valor público a partir de las dimensiones que la integran: compromiso social, diversidad, innovación, independencia, excelencia, universalidad, participación ciudadana, alfabetización mediática, rendición de cuentas, cohesión territorial, justicia social y cooperación. Dicho marco conceptual es útil para analizar las iniciativas de los medios públicos desde la perspectiva del valor que aportan a la sociedad, tanto a partir del resultado final del producto o servicio, como desde un componente organizativo y de rutinas y prácticas profesionales puestas en marcha para conseguirlo.

Así el valor público conecta de forma directa con la promoción de la igualdad y la diversidad tanto dentro como fuera de los medios públicos, es decir, tanto en lo referido a sus prácticas internas como a los contenidos y servicios ofertados. La diversidad, de hecho, es uno de los valores más vinculados al servicio audiovisual público (Yadlin y Klein-Shagrir, 2024). Con todo, este es un concepto multidimensional que apela a distintos principios dentro de los medios públicos, desde la variedad en la oferta de contenidos hasta el respeto por el pluralismo en la selección de las fuentes, pasando también por la diversidad de las audiencias. Es en esta última aproximación la que resulta más interesante para el propósito de este capítulo, ya que los medios públicos deben garantizar el respeto a la diversidad de identidades y realidades de la sociedad en la que se insertan y, por extensión, de su plantilla laboral.

En paralelo, la igualdad está presente también en la dimensión de valor vinculada a la justicia social dentro de la conceptualización de Cañedo et al. (2022). Esta dimensión se vincula a la defensa de los derechos humanos y, en estrecha conexión con estos, a la promoción activa de la igualdad de género. En un plano general, académicos como Freedman (2016) se han posicionado como defensores de una política de comunicación que aplique estos principios de igualdad justicia social en la redistribución de los recursos mediáticos, mientras que, de forma más específica, otros abogan por que sean los medios públicos quienes impulsen este cambio de paradigma en defensa de la justicia social, al entender estos medios públicos como un mecanismo para promover el bien común dentro de los sistemas mediáticos (Yadlin y Klein-Shagrir, 2024)., 2024).

Esta idea conecta de forma directa con la visión sobre el sector público promovida por Mariana Mazzucato, defensora de que desde lo público se puede –y, de hecho, se debe– ser parte activa de los procesos de innovación, actuando como dinamizadores de mercados, y no solo como correctores de fallos de mercado. La transferencia de esta visión al campo de los medios públicos supone asignar a estos agentes el papel de moldear el sector mediático y fijar estándares y buenas prácticas en materia de innovación, calidad, sostenibilidad y, también, igualdad y diversidad.

Un ejemplo aplicado a la diversidad y la igualdad de género lo encontramos en el trabajo de Mazzucato et al. (2020) sobre el valor público dinámico de la BBC. La apuesta de la BBC por una mayor representación de las mujeres en el deporte –aumentando el número de mujeres presentadoras de programas sobre deporte masculino y cubriendo de forma extensiva la Copa Mundial Femenina de Fútbol– fomentó un efecto contagio al resto del sector mediático. Así, la "normalización de nuevas actitudes sobre las mujeres en el deporte" (Mazzucato et al., 2020, p. 33) desencadenó una serie de cambios tanto en el conjunto de la sociedad (con un aumento de la popularidad del deporte femenino) como en otros medios de comunicación comerciales, que también ampliaron su cobertura de deporte femenino. De esta forma, se puede derivar que los medios de comunicación de servicio público pueden actuar como dinamizadores de la innovación no solo en términos económicos, sino también sociales.

4. LA PROMOCIÓN DE LA IGUALDAD Y LA DIVERSIDAD EN LOS MEDIOS DE COMUNICACIÓN DE SERVICIO PÚBLICO

Aunque la diversidad y la igualdad son valores que se han asociado a los medios de comunicación de servicio público durante décadas, en los últimos años han ganado peso y se han convertido en principios rectores de su actividad.

En su dimensión organizativa, y a pesar de los avances realizados, los datos apuntan a que todavía no se ha conseguido una igualdad de género real dentro de los medios públicos. Según el estudio realizad por Iva y Alina (2017), las políticas de igualdad implementadas por los medios públicos europeos no son suficientes, ya que las mujeres todavía están infrarrepresentadas en los cargos directivos de las radiotelevisiones públicas de quince de los treinta países analizados.

Según un informe de la EBU, los medios públicos están avanzando a la hora de integrar los principios de diversidad e igualdad, tanto en relación con su plantilla de personal como en materia de contenidos y representación mediática. En materia de rendición de cuentas, cada vez son más los medios públicos que informan sobre la diversidad en la composición de sus plantillas –37 medios públicos de 32 mercados mediáticos– y que cuentan con políticas específicas para la promoción de la diversidad, la igualdad y la inclusión –32 medios públicos de 28 mercados mediáticos (EBU, 2023). Además, la EBU destaca que los principales esfuerzos en esta área se están realizando en la promoción de la diversidad en la plantilla de los medios públicos, que se relaciona con su capacidad de atraer y retener talento y con su compromiso por ser líderes en igualdad dentro del sector audiovisual.

En cuanto a la representación en los contenidos, los medios de comunicación de servicio público han priorizado la mejora de la representación de la diversidad étnica, de orientación sexual y de la personas con necesidades especiales (EBU, 2022). En el campo informativo, las mujeres todavía están infrarrepresentadas como fuentes expertas y como sujetos de información, según datos del Parlamento Europeo, que también apuntan a que las mujeres periodistas siguen en situación de desigualdad pese a los avances conseguidos a lo largo de los últimos años (McCracken et al., 2018).

5. EL VALOR PÚBLICO Y EL PERIODISMO CON ENFOQUE DE GÉNERO: ESTUDIO DE TRES CASOS

A modo de ilustración de cómo el periodismo con enfoque de género contribuye a la creación de valor público, a continuación se detallan tres iniciativas que, aunque seleccionadas de forma no representativa, suponen casos de interés dentro del sector de la comunicación pública.

5.1. 8M, cómo el machismo marcó nuestra adolescencia (RTVE)

Con motivo del Día Internacional de la Mujer de 2023, el Lab de RTVE lanzó "8M, cómo el machismo marcó nuestra adolescencia"[3], un proyecto interactivo para concienciar sobre los impactos culturales y mediáticos de los discursos discriminatorios que recibió la población española entre cuando tenía entre 13 y 17 años.

"8M, cómo el machismo marcó nuestra adolescencia" propone un viaje visual y sonoro a las referencias mediáticas y culturales de cada usuario de cuatro décadas que comienza cuando introduce su año de nacimiento. Con esta información – de personas nacida desde la llegada

---

3.   https://lab.rtve.es/8m-machismo-adolescencia/

de la democracia, en 1975 hasta 2022–, la web interactiva, diseñada por el ente público de radio y televisión, propone un recorrido *ad hoc* sobre casi medio siglo de impactos visuales y sonoros, permitiendo no solo recorrer los recuerdos personales del audiovisual de quien navega en la web, sino profundizar en la evolución de los mensajes sobre las mujeres que recibía la sociedad española en su adolescencia.

> No es difícil encontrar violencia simbólica hacia las mujeres en la publicidad, la televisión o las revistas. Mensajes que van desde un señalamiento a los cuerpos no normativos hasta al miedo a volver sola a casa o a ponerse una minifalda. Una cultura que establece unos cánones físicos, pero también emocionales o de comportamiento, donde es imposible encajar (RTVE, 2023)

A través de un diseño intuitivo y fresco, se ahonda en los contenidos de revistas juveniles, programas de televisión, noticias, películas y canciones, hasta llegar a la popularización de internet y, con ella, las redes sociales. Entre los principales referentes, destacan la sexualización de las copresentadoras del programa "Un, dos, tres" en los años setenta o el consultorio radiofónico de Elena Francis, programa que perpetuaba el ideal de mujer franquista en los años setenta; el tratamiento informativo de la denominada como 'sentencia de la minifalda' en 1989; los cánones de belleza de las revistas de moda en los noventa o de las juveniles en los 2000; así como la sexualización del cuerpo de la mujer en los videoclips o la gordofobia ejercida contra la primera ganadora de Operación Triunfo.

El impacto de este proyecto innovador no ha tenido precedentes en el audiovisual español, tanto por su difusión en redes sociales (TikTok, Instagram y X, principalmente, según su coordinadora Paloma Torrecillas), como en galardones. La iniciativa fue reconocida con el Prix Italia en la categoría de mejor digital interactivo y estuvo nominado a los Prix Europa 2023, en los FIA/IFTA y seleccionado por el Foro de Formatos de la Unión Europea de Radiodifusión en Ginebra. El éxito del proyecto y su extrapolación a la LGBTIQfobia promovieron el desarrollo del proyecto web "Fuera de escena. Cómo estuvo presente la LGBTIQfobia durante tu adolescencia"[4], que se propone retratar el rechazo en los medios de comunicación del colectivo durante décadas. En este caso, no solo se destacaban los referentes negativos perjudiciales, sino la poca representación de este a través de una exclusión del imaginario colectivo.

Para la creación del valor público del proyecto interactivo, el Lab de RTVE se basó en el conocimiento de tres especialistas de tres generaciones diferentes, con el propósito de reconocer el impacto específico que tuvieron esos referentes machistas en hombres y mujeres españoles durante su adolescencia: la delegada del Rector para la Igualdad en la Universidad Complutense de Madrid (UCM), Isabel Tajahuerce, analizó en los mensajes de la transición y los años ochenta; la profesora de la UCM y experta en género, Beatriz Ranea, examinó las dos décadas siguientes y la divulgadora sobre feminismo en redes sociales, Carla Galeote, analizó desde 2010 hasta 2022. Así, se integran los principios de diversidad y de cooperación, acudiendo a fuentes expertas de instituciones que comparten valores similares a los del servicio audiovisual público.

5.2. Proyecto 50:50. Igualdad y diversidad en las fuentes (BBC)

El proyecto 50:50 de la BBC, oficialmente conocido como *50:50 The Equality Project* es una iniciativa de la radiotelevisión pública británica para favorecer una representación mediática más diversa en sus contenidos. El funcionamiento del proyecto se basa en "una metodología anclada en los datos, la creatividad, la funcionalidad y la pasión para cambiar radicalmente la representación mediática" (BBC, s. f.), que además es de uso voluntario y confía en la autoevaluación de las propias personas participantes. El origen de la iniciativa 50:50 se remonta al año 2017, cuando Ros Atkins diseñó una base metodológica para fomentar la diversidad aunando la producción de contenido con un cambio en la cultura de la organización. El objetivo principal era conseguir que el

4. https://fueradeescena.es/

50% de las fuentes empleadas por los equipos de la BBC fuesen mujeres. Con el tiempo, el proyecto 50:50 busca promover la diversidad más allá de esta dimensión de género, ampliando el foco hacia una mejor representación de la diversidad étnica y de la discapacidad.

El funcionamiento de esta iniciativa es sencillo. Los equipos encargados de la producción de contenido adheridos a este proyecto monitorizan su propio trabajo a partir de la metodología 50:50 y elaboran un seguimiento de su evolución. Así, el proyecto 50:50 se desarrolla a partir en tres principios: contar, compartir y cambiar. En primer lugar, los equipos participantes cuentan de forma periódica las fuentes empleadas en la producción de contenido empleando los criterios de diversidad antes mencionados. Este monitoreo permite supervisar la evolución de un determinado equipo a la hora de integrar voces y perspectivas más diversas. En segundo lugar, los datos recolectados son compartidos entre equipos y sirven como base para la toma de decisiones de carácter editorial. Por último, el objetivo final de esta iniciativa es promover un cambio en la cultura de la corporación. Además de hacer reflexionar al personal de la BBC sobre cómo realiza su trabajo y qué sesgos puede introducir de forma no intencionada, el proyecto 50:50 busca conseguir un cambio de mayor alcance que consiga dar mayor visibilidad a temas infrarrepresentados en la cobertura mediática.

La sencillez a la hora de poner en marcha este método y su capacidad de generar avances en los equipos editoriales ha propulsado la expansión del proyecto 50:50 a otros medios de comunicación que, igual que la BBC, buscan mejorar en términos de representación de la diversidad. Hoy en día, otros medios públicos, como RTVE; así como medios comerciales, como eldiario.es, aplican esta metodología para supervisar la diversidad de sus fuentes.

El impacto alcanzado por este proyecto puede verse en los datos conseguidos con el reto planteado por la BBC en el año 2023. El 56% de los equipos que trabajan en las secciones de Información, Contenido y naciones y que participan en el proyecto 50:50 han conseguido cumplir el objetivo central del 50% de mujeres representadas en sus contenidos (BBC, 2024).

A través de una iniciativa fácil de entender, que no supone una carga de trabajo añadida para el personal del medio público y que no interfiere con otros valores de servicio público, como son la excelencia y la calidad, la BBC ha conseguido mejorar su representación de la diversidad de género y avanza en la representación de la diversidad étnica y de la discapacidad. Lo hace, además, apelando a otras dimensiones del valor público, tales como la cooperación –a través de la transferencia de estos métodos a otras organizaciones, difundiendo de esta forma buenas prácticas y fijando nuevos estándares en materia de diversidad– o la privacidad de los datos personales, otro elemento clave dentro del valor de justicia social, y que entra en juego como principio transversal al tratamiento de los datos de las fuentes empleadas por los equipos que forman parte del proyecto 50:50.

5.3. Apagón informativo en Télam

La agencia estatal de noticias en Argentina Télam fue creada en 1945 y clausurada *de facto* el marzo de 2024, cuando su página web dejó de funcionar, las fuerzas de seguridad del Estado argentino rodearon el edificio de la redacción y los y las trabajadoras fueron "dispensados" de sus funciones por un plazo de siete días.

Tras 78 años de historia, Télam era la agencia pública de información más importante de América Latina y la segunda en español del mundo, después de la Agencia EFE. Sus 755 trabajadores producían diariamente alrededor de 500 piezas y 200 fotografías, además de contenidos de vídeo, radio y redes sociales (Centenera, 2024).

En materia de género, Télam fue una pionera al incorporar desde 2020 la figura de la editora de género y diversidades a Silvina Molina quien ocupó el cargo hasta 2024. Antes de su desaparición, el abordaje transversal de las problemáticas de género y diversidades eran consideradas como "políticas concretas" por la agencia de noticias y se traducían en las siguientes acciones:

1. Designación de la primera editora de género y diversidades de la Agencia Nacional de Noticias Télam

2. Creación del área de Género y Diversidades dependiente del Directorio

3. Programa integral de prevención y erradicación de la violencia laboral y/o de género en el ámbito de Télam

4. Guía para una comunicación inclusiva

5. Escalafón con femenino gramatical

6. Programa de capacitación en Ley Micaela certificado por el Ministerio de las mujeres, géneros y diversidad

7. Protocolo de Prevención e Intervención en situaciones de Violencia Laboral y/o de Género

La agencia, que se encontraba intervenida desde febrero de 2024, al igual que otros medios públicos de Argentina, fue citada por el presidente de la Nación el 1 de marzo en su discurso de apertura de las sesiones ordinarias del Congreso, donde se anticipó su cierre. Dicho apagón informativo, formalizado el 4 de marzo de 2024, generó la paralización de todos estos programas con el consiguiente impacto para la plantilla laboral de la agencia, así como para los medios que utilizaban sus servicios y, en última instancia, para la ciudadanía argentina.

Este caso pone de manifiesto la fragilidad de un servicio público en momentos de auge de movimientos reaccionarios. Así, ejemplifica cómo desde el sector público se puede promover una comunicación más diversa, igualitaria y con enfoque de género y sirve como ilustración del denominado "valor público negativo" (Michalis, 2012), es decir, la desaparición de un servicio público que deja de aportar valor a la ciudadanía a la que sirve por motivo de interferencias políticas y/o comerciarles.

6. CONCLUSIONES

En este capítulo se ha realizado una aproximación a cómo los medios de comunicación de servicio público abordan la diversidad y la igualdad como parte esencial de su misión y de sus estrategias de creación de valor público. Para ello, se han presentado tres estudios de caso que, de forma no representativa, ilustran iniciativas con enfoque de género que fomentan estos principios tanto a nivel de contenido como a nivel organizativo.

En primer lugar, el proyecto interactivo "8M. Cómo el machismo marcó nuestra adolescencia" del Lab de RTVE profundiza en el imaginario audiovisual y sonoro de la población española durante los últimos 40 años. A través de este recorrido por películas, programas, videoclips y redes sociales, la audiencia puede tomar conciencia de los referentes misóginos con los que se criaron. El impacto en redes sociales, así como los galardones de la iniciativa y su multiplicación, mediante un proyecto homólogo sobre LGBTIQfobia, permiten observar su valor público.

El análisis del proyecto 50:50 representa cómo la puesta en marcha de iniciativas internas dentro de un medio público como la BBC puede derivar en una comunicación más igualitaria en el conjunto del sector. La integración de un cambio sencillo dentro de las dinámicas editoriales supuso el establecimiento de estándares de calidad fácilmente transferibles a otras organizaciones mediáticas, en lo que constituye un ejemplo de innovación social que genera efectos de contagio al conjunto del sector.

Por último, el apagón informativo derivado del cierre de la agencia de noticias más importante de América Latina y de la segunda en español, Telám, el 4 de marzo de 2024 en Argentina, constituye una llamada de atención ante la ola reaccionaria que amenaza la continuidad de los medios públicos que operan bajo el prisma del interés general. El cese de su función pública no solo atenta contra el derecho a la información y la libertad de expresión, sino que visibiliza cómo las políticas de integración de la perspectiva de género en los contenidos informativos, ya sea mediante el uso del vocabulario inclusivo, las recomendaciones en el tratamiento de temas especialmente sensibles, como la VG o la participación de mujeres y miembros del colectivo LGBTIQA+ en las plantillas de los medios de comunicación, deben blindarse frente a políticas regresivas.

En conclusión, solo es posible la realización de periodismo con enfoque de género con un alto valor público cuando la igualdad de derechos está consolidada, tanto en la plantilla que realiza los productos audiovisuales, como en los contenidos y enfoques de los medios públicos.

7. RECONOCIMIENTO DE LA INVESTIGACIÓN

Este capítulo forma parte de las actividades del proyecto "Medios audiovisuales públicos ante el ecosistema de las plataformas: modelos de gestión y evaluación del valor público de referencia para España" (PID2021-122386OB-I00), financiado por el MCIN, AEI y FEDER, UE y del proyecto "Periodismo feminista: la importancia de la comunicación con perspectiva de género" (B2-2022_03) del Plan propio de investigación de la Universidad de Málaga.

8. REFERENCIAS BIBLIOGRÁFICAS

Amorós, C. y de Miguel, A. (2005) (Eds.). *Teoría feminista: de la ilustración a la globalización. De los debates sobre género al multiculturalismo.* Ediciones Minerva

BBC. (s. f.). *50:50 The Equality Project.* Recuperado 26 de junio de 2024, de https://www.bbc.co.uk/5050

BBC. (2024). *Impact 2023 How our teams rose to the 50:50 Challenge.* https://www.bbc.co.uk/5050/impact2023

Belmonte, J., & Guillamón, S. (2008). Co-educating the gaze against gender stereotypes in TV. *Comunicar, 15*(31), 115-120. https://doi.org/10.3916/c31-2008-01-014

Cañedo, A., Rodríguez-Castro, M., & López-Cepeda, A. M. (2022). Distilling the value of public service media: Towards a tenable conceptualisation in the European framework. *European Journal of Communication, 37*(6), 586-605. https://doi.org/10.1177/02673231221090777

Chamberlain, P. (2017). *The Feminist Fourth Wave Affective Temporality*. Palgrave Macmillan

de Frutos García, R. A. (2015): "Mediciones e índices de evaluación inclusivos: examen de los indicadores de género y medios de comunicación" en Postigo, I. y Jorge Alonso, A (Coords.). *El tratamiento informativo de la violencia contra las mujeres*. La Laguna: Cuadernos Artesanos de La Latina. CAC 86, pp. 101-131

de Frutos García, R. A. y Ceballos, A. (2024): "Periodismo feminista: prácticas organizativas, dinámicas periodísticas y agenda setting", *Dígitos. Revista de Comunicación Digital*. X, pp. 675-702 ⬜ https://dx.doi.org/10.12795/IC.2022.I19.29

EBU (2012). *Empowering society. A declaration on the core values of public service media* https://www.ebu.ch/files/live/sites/ebu/files/Publications/EBU-Empowering-Society_EN.pdf

EBU (2022). *Diversity and Public Service Media. Representation in Audiovisual Content - Public version*

EBU (2023). *PSM Staff Diversity and Diversity, Equity and Inclusion Strategies - Public Version*.

Freedman, D. (2016). Media Policy Norms for a Europe in Crisis. *Javnost - The Public, 23*(2), 120-134. https://doi.org/10.1080/13183222.2016.1162981

Garrido, D. R., & Zaptsi, D. A. (2021). Arquetipos, Me Too, Time's Up y la representación de mujeres diversas en TV; Archetypes, Me Too, Time's Up and the representation of diverse women on TV. *Comunicar, 29*(68), 21-33. https://doi.org/10.3916/C68-2021-02

GMMP (Varios años). *Proyecto de Monitoreo Global de Medios. Who makes the news*. https://whomakesthenews.org/wp-content/uploads/2022/03/GMMP-2020-Spa.FINAL-2022-0303.pdf

Gober, G. & Iulia Nastasia, D. (2015). *Gender Equality and Social Justice in Public Media*

Iranzo-Cabrera, M. Figueras-Maz, M. y Mauri-Ríos, M. (2023) "Autorregulación periodística para la igualdad: el papel de la edición de género en España", *Journal of Media Ethics*, 38:1, 2-15, :10.1080/23736992.2022 .2158336

Iva, N., & Alina, O. (2017). Public Service Media in Europe. Gender equality policies and the representation of women in decision-making roles *Comunicazione Politica*, 2, 209-232. https://doi.org/10.3270/87221

Mazzucato, M., Conway, R., Mazzoli, E. M., Knoll, E., & Albala, S. (2020). *Creating and measuring dynamic public value at the BBC. A scoping report. December*

McCracken, K., FitzSimons, A., Priest, S., Girstmair, S., & Murphy, B. (2018). *Gender Equality in the Media Sector* http://www.europarl.europa.eu/supporting-analyses

Meléndez Malavé, N. (2023). "A propósito de las mujeres humoristas en España. Reflexiones en torno a la controversia de La Chocita del Loro". En Burkart, M.; Fraticelli, D.; Palacios, C. (comp.). *Arruinando chistes*. Teseo: Buenos Aires

Michalis, M. (2012). Assessing the British Public Value Test : Benefits , limitations and challenges ahead. *International Journal of Media & Cultural Politics*, *8*(1), 13-30. https://doi.org/10.1386/macp.8.1.13

Moore, M. H. (1995). *Creating Public Value: Strategic Management in Government*. Harvard University Press

ONU (1995). IV Conferencia mundial sobre las mujeres. Pekín: Naciones Unidas

Parratt-Fernández, S., Mera-Fernández, M., & Cáceres-Garrido, B. (2023). Gender perspective advances in the media: initiatives for its incorporation into the Spanish press. *Profesional de la Informacion*, *32*(2). https://doi.org/10.3145/epi.2023.mar.21

Postigo, I.; Vera, T. (2022) (eds). *La agenda de la comunicación feminista en el siglo XXI*. Comunicación Social

Postigo, I.; Vera, T. y de Frutos García, R. A. (eds) (2022). *Feminismos, violencias y redes sociales. Prácticas y estrategias iberoamericanas contra los discursos del odio*. Nueva York: Peter Lang. ISBN: 978- 1- 4331- 9104- 6

Puyosa, I. (2015). "Networked social movements: from the emotional trigger to the propagation of ideas or political change". *Chasqui-Revista Latinoamericana de Comunicación*, (128), 197-214

Sánchez-Soriano, J.J., García-Jiménez, L. & Rodrigo-Alsina, M. (2023). "También podemos tener finales felices": recepción e interpretación de personajes LGTBIQ+ en series de televisión. *Cuadernos.info*, (55), 22-45. https://doi.org/10.7764/cdi.55.53897

Sosa Valcárcel, A., Galarza Fernández, E., y Castro-Martínez, A. (2019)." Acción colectiva ciberactivista de "Las periodistas paramos" para la huelga feminista del 8M en España". *Comunicación y sociedad*, 16 https://doi.org/10.32870/cys.v2019i0.7287

UNESCO (2014). *Indicadores de género para medios de comunicación: marco de indicadores para evaluar la sensibilidad en materia de género en las operaciones y contenidos mediáticos*. UNESCO: París https://unesdoc.unesco.org/ark:/48223/pf0000231069

UNESCO (2020). El *abc de género y comunicación. Manual para estudiantes sobre Indicadores de Género y Medios de comunicación*. UNESCO: Ciudad de México

Yadlin, A., & Klein-Shagrir, O. (2024). *Public Service Media and Diversity in the Digital Media Landscape: Opportunities and Limitations for Social Justice*. *18*(1), 165-179.

Medios audiovisuales públicos, entre el inmovilismo y la transición digital

Tania Fernández Lombao y Francisco Campos Freire
Universidade de Santiago de Compostela

Resumen: Los medios de servicio público (PSM) de la Unión Europea afrontan los retos de la década digital por medio de una desfasada y lenta revisión de la regulación en relación a la Directiva europea de Medios Audiovisuales (2018) y el Reglamento Europeo de Libertad de Medios (2024) que continúa manteniéndose en el esquema radio-televisión sin dar el salto definitivo a la era de los servicios digitales. Así mismo, la financiación se muestra desajustada, con cambios de paradigma en las tasas de numerosos países, y una innovación que emerge pese a las resistencias e inmovilismo de las organizaciones. Este artículo muestra una foto fija del momento que atraviesan los PSM ante la necesidad de innovación en un contexto mediático dominado ya por las plataformas de vídeo bajo demanda transnacionales y la explosión de la Inteligencia Artificial (IA).

Palabras clave: PSM, transición digital, innovación, gobernanza, financiación.

1. INTRODUCCIÓN: SALTO A LA DIGITALIZACIÓN

La adaptación digital de los medios de servicio público (PSM) ha alcanzado en la tercera década del siglo XXI una nueva dimensión en el contexto de la inteligencia artificial, la plataformización y el metaverso, mientras se producen transformaciones en los sistemas de regulación, gobernanza y financiación que no necesariamente se encuadran en la definición de innovación.

La respuesta a las demandas de las audiencias en la sociedad digital está siendo atajada con la implementación de nuevas tecnologías (Van den Bulck et al. 2017) y la suma de servicio público, creatividad e innovación (Glowacki y Jackson, 2013), acceso a la información y la diversidad (Aslama-Horowitz y Nieminen, 2017) y siempre en base a los valores de servicio público fijados por la Unión Europea de Radiodifusión (UER) en 2014: universalidad, independencia, excelencia, diversidad, responsabilidad e innovación.

La propuesta innovadora de los PSM debe afectar a la incorporación de nuevas tecnologías, pero también a los flujos y procesos de producción (Fageberg, 2003). Es decir, la instauración de una cultura innovadora será fundamental para renovar procesos de producción de contenidos, distribución y comunicación corporativa (Ranaivoson et al., 2013).

La Inteligencia Artificial se posiciona como el gran desafío para la próxima década, motivo por el cual la Comisión Europea instó en el Libro Blanco sobre IA de 2020 a los Estados miembros a adaptar sus planes nacionales. En el ámbito periodístico está permitiendo sustituir tareas de los profesionales de la información mediante el uso de algoritmos dentro de lo que se ha denominado "periodismo artificial" (Túñez-López et al, 2019), "periodismo automatizado", (Carlson, 2015) o "periodismo de algoritmos" (Diakopoulos, 2019). A su vez, los redactores tendrán asignadas actividades de mayor valor añadido (Sirén-Heikelet et al., 2019).

La IA está detrás de las soluciones para asistentes de voz en el ámbito del medio sonoro y ya se usa en la radio musical para ofrecer listas de canciones al gusto de los usuarios, con la generación de mezclas como si el software fuese un discjockey (Pedrero, 2022). La Unión Europea de Radiodifusión conviene que el reconocimiento del habla y la transcripción de voz a texto, así como la traducción automática ofrecerán nuevas posibilidades a los medios (2019).

Una investigación de Fieiras, Vaz y Túñez (2022) sitúa a la corporación YLE Finlandia como uno de los medios de servicio público pioneros en la experimentación con la personalización a través de la aplicación de noticias Yle NewsWatch que, por medio de la IA, recoge datos de tres fuentes para elaborar noticias: las elecciones activas del usuario, el comportamiento de otros usuarios y las decisiones editoriales. Así mismo, cuenta con el primer asistente personal inteligente de noticias, Voitto, que muestra recomendaciones.

El Big Data será una de las herramientas digitales más importantes de la próxima década en cuanto que permitirá dotar a la audiencia de contenidos adecuados en base a sus preferencias y geolocalización y, en consecuencia, gestionar la explotación publicitaria. La recomendación de contenidos también es contemplada en el proyecto Peach, de la Unión Europea de Radiodifusión, especialmente entre las audiencias jóvenes.

La innovación tecnológica en los PSM también está ligada actualmente al uso de la Ultra Alta Definición (4K) - RTVE fue una de las radiotelevisiones pioneras con un corto en 2013 y una retransmisión en directo en 2017) y las herramientas de realidad virtual (Fieiras et al, 2023).

En el apartado de la distribución, la Conferencia Mundial de Radiocomunicaciones de 2023 advirtió de que la Unión Europea deberá decidir antes de finalizar 2030 sobre un nuevo apagón digital, en un contexto en el que las frecuencias de radio están siendo altamente demandadas para los servicios 4G, 5G y 6G.

La autoridad reguladora de medios del Reino Unido OFCOM publicó en 2024 un informe sobre el cambio de los hábitos de consumo que refleja que las audiencias pasan cada vez menos tiempo viendo televisión vía TDT y advierte de que el aumento de costes de esta vía de distribución podría provocar un punto de inflexión en la próxima década, lo que socavaría el acceso universal.

En consecuencia, OFCOM contempla tres opciones de futuro a respecto de la televisión, con desafíos particulares que obligan a una planificación cuidadosa a largo plazo: inversión en un servicio TDT más eficiente si se mantiene la audiencia y la inversión durante la década de 2030 y apoyo para la compra de equipos por parte de la audiencia; reducción de TDT a un número reducido de canales de servicio público y proyección de la distribución por internet para servicios de televisión;

transición hacia de desconexión de TDT a largo plazo por medio de una campaña planificada para asegurar el acceso universal por medio de servicios IP, modelo que podría ofrecer beneficios para la inclusión digital en otros ámbitos de la sociedad.

En esta misma línea de debate, el Regulador de Medios de Flandes (VRM) publicó un informe con cinco modelos y propuestas de apagón de la FM en las emisiones radiofónicas para la implantación definitiva del sistema DAB+ y la distribución por IP. Los modelos transitan entre el apagón lento o acelerado, prestando atención a las necesidades de las audiencias, los operadores de radio y las empresas anunciantes. Se contempla como realista la fecha del 1 de enero de 2031 para la muerte de la emisión en analógico, con el apagado de la radio públicas y las emisoras privadas nacionales, siempre que la escucha digital se encuentre por encima del 65 por ciento de la población, con un impacto publicitario de pérdidas entre los 30 y los 62 millones de euros. (Vlamse Ragering, 2024)

2. ESTRATEGIA DIGITAL DE LA UNIÓN EUROPEA

El marco regulatorio en el que ha de producirse la transición digital en transición a la Inteligencia Artificial es la Estrategia Digital europea para 2030, cuyos objetivos se centran en cuatro áreas: conectividad, habilidades digitales, negocio digital y servicios públicos digitales.

La finalidad de esta estrategia es conseguir en el horizonte de 2030 que toda la ciudadanía europea pueda ser partícipe y beneficiarse de oportunidades digitales, que todas las empresas tengan acceso a datos y tecnología digital, que los servicios públicos estén disponibles en línea y que todas las organizaciones puedan garantizar la ciberseguridad. En este sentido, los PSM deben alinear su desempeño con los principios de la estrategia europea: digitalización, convergencia, IA, derechos y valores fundamentales en la era sociedad digital.

Esta estrategia entronca con los postulados de la Directiva Europea de Medios Audiovisuales de 2018, que fortalece el principio de país de origen y expande las reglas impuestas a las plataformas de vídeos compartidos y a las redes sociales. Así mismo, incorpora nuevos espacios de protección para menores y, en el ámbito de la producción, incluye cuotas de creación de obras de ficción europeas tanto para medios tradicionales como plataformas de vídeo bajo demanda.

Esta norma actualizó las regulaciones de 2010 del mismo rango para prestar especial atención a la regulación de las plataformas digitales, que son nuevos operadores dentro del ecosistema mediático que hasta ahora solo se han erigido por las regulaciones legales del comercio electrónico, lo que provoca una competencia comercial asimétrica y un gran impacto en los modelos de negocio de los medios tradicionales (Campos Freire et al., 2018), con el desafío de transferir obligaciones a las plataformas.

La protección de menores es otro de los ejes de la norma, que incluye artículos en los que se promueve la responsabilidad activa de los proveedores de servicios de contenido en línea y audiovisuales, así como también de los medios tradicionales, con la inclusión de la definición de productos de contenido perjudicial y la obligación de adoptar sistemas de control parental (Fernández-Lombao et al, 2024).

3. GOBERNANZA ANQUILOSADA Y POLARIZADA

La regulación de la gobernanza de los medios audiovisuales públicos en los países de la Unión Europea es tributaria del desarrollo histórico de la radiodifusión en cada uno de sus estados según su estructura y tradición jurídica, política, cultural y democrática. La evolución de esa tradición histórica ha sido pareja al desarrollo del sistema político democrático nacional de cada país, con flujos o reflujos de reformas, bastante anquilosamiento y creciente polarización, las cuales no son paliadas por las regulaciones nacionales derivadas de las trasposiciones de las directivas comunitarias de 2010 y 2018 ni tampoco el reglamento europeo de libertad de medios de comunicación de 2024.

Los estudios seminales de Hallin y Mancini (2004 y 2011) establecieron un marco empírico general seguido en los últimos 20 años por otros muchos investigadores en su aproximación al intento de categorización de los modelos de los medios de comunicación de las democracias occidentales, entre ellas principalmente las europeas. Aunque pueden categorizarse tres o cuatro modelos europeos de gobernanza, la singularidad nacional es una nota predominante en la práctica totalidad de ellos. Las categorías y dimensiones del marco empírico de Hallin y Mancini son ilustrativas del análisis comparativo histórico de los sistemas mediáticos, pero han sido superadas en las dos últimas décadas por los fuertes cambios en la estructura de los mercados, procesos disruptivos de innovación, sistemas de financiación, intervenciones estatales y supraestatales y debilitamiento de las culturas profesionales periodísticas.

La categorización de los tres clásicos modelos mediáticos de Hallin y Mancini (liberal noratlántico, corporativo democrático del centro-norte europeo y pluralista polarizado del mediterráneo) ya encaja poco en el análisis comparativo global de los sistemas de gobernanza de los medios audiovisuales públicos de Europa, aunque se incrementan en los últimos años las dimensiones de la intervención estatal, la polarización frente al pluralismo, el deterioro de la financiación y algunos rasgos mucho más débiles en torno a la tradicional cultura política democrática y profesional de cada uno de los países (Fernández-Lombao, Blasco-Blasco y Campos-Freire, 2024).

Los servicios de los medios audiovisuales públicos son prestados por organizaciones de características especiales, aunque de estructuras parecidas a las de las empresas privadas, sometidas a regulaciones que comparten y combinan el marco jurídico de la función pública con el derecho administrativo privado. A nivel europeo hay tres grandes modelos de estructuras prestadoras del servicio público audiovisual: entes públicos, con personalidad jurídica regulada por el derecho público, pero independiente de la estructura del Estado, que se rigen por el derecho privado, en régimen jurídico ambivalente; empresas públicas, sin fin de lucro y en algunos países definidas como de carácter cultural, también en régimen jurídico ambivalente; y fundaciones públicas, con personalidad jurídica propia, sin fin de lucro, para el desarrollo del bien común de la comunicación audiovisual.

Los dos modelos más comunes actualmente son el de las empresas públicas, estatales o regionales, y el de las fundaciones públicas. En ambos casos se trata de remarcar la independencia del Estado en la función de prestación del servicio público audiovisual. La conformación de los tres grandes ámbitos de la gobernanza de las organizaciones audiovisuales públicas es pareja a las estructuras del régimen empresarial privado: la junta general de accionistas o de constitución de la fundación, el consejo de administración o de la fundación y el consejo de gestión o dirección ejecutiva. La junta general de accionistas en una empresa pública es la representación del estado o de la respectiva comunidad regional. Y tanto en las empresas públicas como en las privadas, tres son los modelos de consejos de administración: monista, dual e híbrido (López Nieto, 2018; CNMV, 2020).

El modelo monista ("one tier board"), de tradición francesa y predominante también en España o Reino Unido, concentra las competencias de gestión y control en el consejo de administración, conformado por representación de consejeros representantes de los accionistas (llamados dominicales), independientes y del ámbito ejecutivo de la gestión. El presidente del consejo de administración suele compartir cargo de presidencia y consejero ejecutivo, aunque con tendencia en el Reino Unido, Estados Unidos y en la recomendación de los códigos de buen gobierno corporativo a la separación de tal dualidad.

El modelo dual, de tradición alemana y austríaca, separa en dos los órganos de gobierno: el consejo de supervisión ("supervisory board") y el consejo de gestión ("management board"). El primero supervisa y controla la gestión del segundo, integrado por los consejeros ejecutivos. La ley de sociedades públicas y el código de comercio alemán tiene más de siglo y medio de tradición.

El modelo híbrido es una combinación de las estructuras de los dos anteriores, adaptadas a las características aplicadas en cada uno de los países, entre los que se hallan Bélgica, Italia, Portugal, Suiza o Suecia. En este modelo se separan orgánicamente los aspectos estratégicos de supervisión con los de la gestión operativa e, incluso, con los de control económico y financiero mediante las juntas de auditores de fiscalización.

Los modelos dual e híbrido se reparten entre las organizaciones de los medios audiovisuales públicos de los países del norte y del centro de Europa, con singularidades híbridas en Portugal e Italia, y el monista es propio de las corporaciones de Francia, España y Reino Unido. Pese a que el modelo monista es característico de España, la compatibilidad de la presidencia y la dirección ejecutiva no siempre ha sido así en la corporación estatal de RTVE ni lo es en los medios audiovisuales públicos autonómicos. Hasta la reforma de 2006 la presidencia y la dirección general de RTVE no eran compartidas por la misma persona, como aún ocurre en la mayoría de las radiotelevisiones autonómicas.

Otros órganos de tercer nivel de la gobernanza del sistema audiovisual público europeo son los consejos asesores de participación, programación y/o audiencias, así como diversos mecanismos de autorregulación y corregulación tales como consejos informativos, defensores de las audiencias, códigos de conducta y cartas de responsabilidad social. Asimismo, dos modelos de órganos reguladores externos: consejos de medios audiovisuales (Francia, Cataluña, Andalucía) y consejos convergentes del audiovisual, telecomunicaciones y competencia (Reino Unido, Portugal, Italia, Bélgica, Austria, CNMC de España).

El 11 de abril de 2024 se publicó en el Diario Oficial de la UE el Reglamento Europeo sobre Libertad de Medios de Comunicación, que entró en vigor a los 20 días de publicación pero que es de aplicación escalonada -según se establece para sus distintos artículos- desde el 8 de noviembre de 2024 hasta el 8 de mayo de 2027.

Se trata de un mandato jurídico -de obligado cumplimiento, sin necesidad trasposición a la legislación nacional, a diferencia de las directivas europeas- sobre armonización y extensión de la regulación europea sobre protección del pluralismo; independencia editorial; derechos de los destinatarios de los servicios de comunicación; salvaguardia de la independencia y la financiación sostenible de los medios de comunicación públicos; transparencia en general sobre los operadores de comunicación; autoridades independientes de medios de comunicación; creación y organización de un Comité Europeo de Medios de Comunicación sustituto del actual Grupo de Entidades Reguladoras del Audiovisual (ERGA); obligaciones de las grandes plataformas digitales; derechos sobre interfaces de usuarios; evaluación y dictámenes sobre grandes concentraciones mediáticas; transparencia sobre algoritmos de medición de audiencias; y pluralismo y transparencia sobre publicidad estatal y subestatal.

El artículo 5 del Reglamento invoca la salvaguardia de la independencia editorial y funcional de los prestadores del servicio público de medios de comunicación, según prevé el Protocolo 29 del TFUE. Se refiere concretamente al nombramiento y cese de los órganos de gobernanza (Consejo de Administración y Dirección General o Presidencia), a la financiación, al pluralismo y a la no injerencia e independencia en la elaboración de información de los periodistas. Establece dicho artículo que "el responsable de la gestión y los miembros del consejo de administración de los prestadores del servicio público de medios de comunicación serán nombrados siguiendo procedimientos transparentes, abiertos, efectivos y no discriminatorios y criterios transparentes, objetivos, no discriminatorios y proporcionados, establecidos de antemano a nivel nacional. La duración de su mandato será suficiente para garantizar la independencia efectiva de los prestadores del servicio público de medios de comunicación".

La redacción de ese artículo 5 (que entrará en vigor a partir de agosto de 2025) es bastante genérica y ambigua, lo que no impide que los reguladores de los distintos países la interpreten y desarrollen para establecer los procedimientos de nombramiento de la gobernanza. El reglamento se centra en el procedimiento y el proceso, pero no en las competencias, cualificaciones, cualidades, aptitudes, méritos e incompatibilidades. El procedimiento y el proceso en modo alguno garantizan más la independencia y la calidad de la gobernanza que las cualidades, competencias y delimitación de las incompatibilidades.

La elección mayoritaria de la gobernanza a través de la representación política parlamentaria prevalece tradicionalmente en la mayoría de los países, mientras que en otros se combina ese procedimiento con fórmulas de cooptación de independientes y en el modelo dual también tiene peso la pilarización (pilarisation en inglés y verzuiling en holandés) de los estamentos institucionalizados de la segregación de las sociedades (partidos, sindicatos, iglesias, entidades culturales, escuelas, organizaciones empresariales, asociaciones, etc) de herencia calvinista del centro y norte de Europa (Holanda, Bélgica, Austria, Suecia y Alemania a través del Consejo Superior de Radiodifusión).

La representación en los consejos de administración varía entre 3 y 15 miembros (salvo en las Fundaciones, como en Austria, con 35), elegidos por los Parlamentos, parcialmente por algunos gobiernos, con representación interna de los trabajadores y también mediante selección concursal de independientes cualificados. La participación en los consejos de audiencias se regula a través de procedimientos abiertos y directos con los públicos mientras que los consejos asesores se conforman a través representaciones corporativas e institucionales.

El período de mandato de esos Consejos oscila entre 5 y 6 años, renovables o no, con el fin de no ligarse a la duración ordinaria de las legislaturas, aunque muchos países no tienen en cuenta esa prevención de desvinculación política directa de los mandatos gubernamentales. La cabeza de la alta dirección de esas corporaciones varía también entre el rango de presidente, que lo es a la vez también del consejo de administración, y el de director general; en este segundo ámbito bajo el control del máximo órgano de la gobernanza, aunque formando también parte del mismo, pero disponiendo a la vez de máximos poderes ejecutivos. La organización de esos órganos ejecutivos es matricial, con media docena de divisiones tradicionales y la emergencia de nuevas áreas de innovación y perfiles profesionales relacionados con la convergencia y la transformación digital.

4. FINANCIACIÓN INESTABLE Y DEPENDIENTE

La financiación del servicio audiovisual público, sobre el que el reglamento europeo de libertad de medios invoca estabilidad e independencia, ha empeorado en la última década. Su inestabilidad se manifiesta tanto en su bajo estancamiento, absorbido por su escaso crecimiento y la inflación, como en la acusada debilidad que se ha manifestado frente a la crisis financiera de 2012 y a la del covid de 2019. Su pérdida de independencia es proporcional al cambio de modelo cada vez más dependiente de la financiación presupuestaria directa de los presupuestos gubernamentales de los estados y menos vinculado a los impuestos pagados por los hogares o las contribuciones fiscales específicas ad hoc de los ciudadanos.

Los presupuestos de los medios audiovisuales públicos de los 27 países europeos alcanzaron los 28.143 millones de euros frente a los 26.542 millones de 2010, apenas 1.600 millones más. Entre 2013 y 2022 la financiación de los medios públicos europeos aumentó en un 12% pero en ese último año la inflación alcanzó otro 12%, lo que absorbe todo tipo de crecimiento nominal. Y además, en esa última década 12 países europeos tuvieron un crecimiento por debajo de esa media y tres de ellos (Portugal, Croacia y Rumanía) evolución presupuestaria negativa.

La financiación del servicio audiovisual público predominante en Europa -con la excepción de algunos países- es de origen mixto, combinando o alternando el gravamen de las tasas de licencia sobre hogares y empresas o las subvenciones directas de los Estados con los ingresos de la publicidad y de otras actividades comerciales. El canon o tasa de licencia sobre aparatos de radio y televisión en los hogares ha sido históricamente el sistema de financiación más estable y sostenible de las radiotelevisiones públicas hasta principios de la segunda década del siglo XXI.

El modelo de tasa de licencia tiene dos ventajas importantes para la sostenibilidad del servicio audiovisual público: estabilidad e independencia frente a la presión de los poderes del mercado y del sistema político; es decir, respectivamente, con respecto a los otros modelos de la publicidad y de las ayudas directas o subvenciones con cargo a los presupuestos del Estado aprobados por los gobiernos.

Pero su desventaja se acrecentó por su obsolescencia tecnológica (solo inicialmente previsto para la radiodifusión), su falta de progresividad (igual para todos los hogares, al margen de su renta), el coste y las dificultades de recaudación y el surgimiento de nuevas políticas populistas en pro de la reducción de la fiscalidad pública. Los partidos populistas de derechas -en Suíza, Alemania y países del norte de Europa- fueron los primeros en hacer campaña contra la supresión de ese impuesto argumentando que no se debía pagar por un servicio que en las empresas privadas ofrecían con la financiación propia del mercado.

A finales de la primera década del siglo XXI, los países del norte de Europa, Finlandia e Islandia acometieron las primeras reformas del sistema de las tasas de licencia, sustituyendo este tipo de contribución sobre los hogares por un impuesto individual gravado sobre la renta de las personas físicas y los ingresos de las empresas, que anualmente nutre un fondo especial que la hacienda pública transfiere a la corporación del servicio audiovisual público. Algunos países siguieron ese ejemplo finés en las reformas de sus sistemas de financiación de sus servicios audiovisuales públicos, pero otros escogieron la compensación de la supresión de la tasa de licencia con aportaciones directas (subvenciones) con cargo a los presupuestos del estado.

Solo diez países de los 27 de la UE -entre ellos Portugal- mantienen hoy en día el canon o tasa de licencia de sus respectivos servicios audiovisuales públicos. Esa tasa se mantiene en el 37 por ciento de los países de la Unión Europea, cuando hace cinco años aún la tenían el 50 por ciento de ellos. En 2022, Francia acordó su sustitución y en 2023 aprobó lo mismo Eslovaquia. Partidos políticos extremistas de derechas en Alemania y Suíza se movilizaron para suprimir dicho canon y actualmente en Irlanda el Sinn Féin propone reemplazar la tasa por una contribución directa del Estado.

La sustitución de esa tasa sufragada directamente por los hogares y ciudadanos -independientemente de su dificultad y diversidad de recaudación e impopularidad fiscal- por sistemas de financiación directamente vinculados a los presupuestos generales de los estados bascula directamente la presión de la sostenibilidad económica e independencia del servicio audiovisual público sobre las políticas de los gobiernos y los parlamentos. Dicho de otra manera, el servicio audiovisual público es menos independiente, sin ser más sostenible, porque depende más directamente de las estructuras políticas y gubernamentales que predeterminan su financiación.

5. DESFASADA Y LENTA REVISIÓN DE LA REGULACIÓN

La actualización de la Directiva Europea de Medios Audiovisuales ha traído consigo la transposición a las leyes estatales de medios de servicio público de manera lenta y desfasada en tanto que no ha representado un cambio de paradigma en la transición digital de las corporaciones ni siquiera en el título de las propias leyes, que siguen refiriéndose a los antiguos servicios de radio y televisión.

Más de la mitad de las leyes de los PSM de la Unión Europea son de la década pasada y unicamente han sufrido modificaciones puntuales para adaptarse a las disposiciones de la Directiva europea o incluir aspectos derivados del Reglamento de Libertad de Medios de 2024 y del Reglamento General de Protección de Datos de 2018 para adaptar sus mecanismos de gobernanza, financiación y preparación para la inteligencia artificial y la protección de datos de usuarios en la década digital.

La BBC publicó en marzo de 2024 el documento 'A BBC for the future. An essential part of the UK's democracy, creative economy and society' en el que el operador público se marca tres grandes retos para lo que resta de década: la puesta en riesgo de la propia democracia debido a fenómenos de desinformación, propaganda y parcialidad en las noticias; la necesaria adaptación de la industria creativa, en riesgo de ser aniquilada por la competencia de las plataformas transnacionales; y la fragmentación en el consumo por parte de las audiencias, agravado por la irrupción de algoritmos procedentes de potencias como Estados Unidos y China, que no necesariamente favorecen la distribución de contenidos locales de calidad.

Ante los retos identificados, la BBC se propone trabajar en siete planes de transformación: tecnología, contenidos de calidad, inversión en contenido, estructura empresarial ágil, garantía presupuestaria, accesibilidad y visión de futuro. Todos estos elementos serán clave para la redacción de la próxima actualización de la Royal Charter en 2027 –la vigencia de la actual finaliza el 31 de diciembre de ese año, lo que obliga a la redacción del nuevo mandato-marco en los próximos dos años. Así mismo, este documento beberá de las actualizaciones incorporadas a la ley de la BBC que se han realizado tras la actualización de la Directiva Europea de Medios Audiovisuales.

En 2024 también entraron en vigor nuevas leyes de corporaciones de radiotelevisión pública europeas, como la Ley de Contribución ORF, de Austria, o la cuarta enmienda del Tratado estatal de la ZDF de Alemania y modificaciones en la normativa de la RTBF belga, la RAI italiana, RTÉ de Irlanda, FT de Francia y RTP de Portugal. Por su parte, Bélgica, Finlandia y Países Bajos ejecutaron la transposición de la Directiva de Medios Audiovisuales en 2022 para VRT, YLE y NPO, respectivamente, Dinamarca en 2020 para la DR.

La Ley de Contribución ORF de Austria es una de las más modernas de todas las aprobadas en los últimos tres años, con una marcada digitalización de su misión de servicio público, pero que se reduce a asegurar la disponibilidad en línea de todos sus servicios, con mecanismos para la solicitud de inclusión de programas en la plataforma con la compra de espacio, siempre bajo los parámetros del Test de Valor Público, al que da continuidad a través de la ley. Esta normativa hace el esfuerzo de definir toda la oferta digital de la corporación, con indicaciones incluso sobre el modo de titular en el ámbito digital, los tiempos de disponibilidad de los contenidos o la posibilidad de descarga.

Las nuevas leyes de la VRT flamenca y la NPO neerlandesa amplían las definiciones de los servicios al ámbito digital, sin profundizar en la estrategia o la filosofía de futuro, al igual que sucede en la normativa de la DR danesa, que cuenta con capítulos sobre plataformas bajo demanda y vídeos compartidos, sin entrar en grandes detalles. En Finlandia, la nueva ley marca como deberes de la empresa dar preoponderancia a los contenidos digitales con vídeo y sonido y marca normas de redacción.

Con respecto a la independencia y accesibilidad, la corporación austríaca está sujeta a la creación de un estatuto editorial, aprobado por la mayoría de la plantilla. La VRT, por su parte, cuenta con un código ético y un estatuto editorial establecidos por la Dirección General. En la RTBF belga se recoge por ley la creación de una sociedad de periodistas, entendida como una asociación interna que se reúne directamente con la dirección en materia periodística. En Dinamarca, este aspecto se resuelve mediante el Consejo de Radio y Televisión, que no incluye personal de plantilla.

La corporación francesa está obligada por ley a crear un consejo consultivo de programas, compuesto por las audiencias, para aconsejar sobre programación. También existe el Consejo de la Audiencia en la RTÉ de Irlanda, compuesto por quince miembros designados por la Corporación, con un mandato de cinco años. Así mismo, la NPO neerlandesa está obligada a desarrollar el estatuto editorial, con derechos y obligaciones periodísticas para todo el cuadro de personal, así como un Fondo de Incentivo al Periodismo para promover y mantener el pluralismo

6. CONCLUSIONES

Los desafíos de los medios de servicio público son múltiples y diversos: cómo innovar en el modelo de negocio sin perder la esencia del valor público, cómo rentabilizar audiencias sin vulnerar la privacidad del usuario, cómo estrechar la relación con los públicos alejados de los consumos tradicionales, cómo luchar contra el flujo constante de desinformación, cómo adaptar plantillas envejecidas y resistentes al cambio a las nuevas rutinas productivas, son solo algunos de ellos (Cañedo, A., Segovia, A., 2022), a los que se debe añadir cómo adaptarse a la transición a la inteligencia artificial, los algoritmos y el big data y cómo competir en un entorno cada vez máis competitivo.

Ante retos de tanta envergadura que condicionarán el futuro y la propia legitimidad de los medios de servicio público, resulta llamativa y decepcionante la constatación de que las nuevas leyes de los medios de servicio público europeos mantienen la lógica tradicional de televisión y radio, con la inclusión de capítulos sobre lo digital en algunos casos, pero sin que ello se convierta en el eje transversal del conjunto de la normativa.

Se trata de leyes nuevas a partir de conceptos antiguos, en tanto que ni siquiera atienden a los nuevos conceptos de inteligencia artificial generativa, algoritmos, asistentes virtuales o incluso a la relevante cuestión de la protección de datos de usuarios en las plataformas digitales. Tanto es así que ninguna de las normativas citadas menciona esos conceptos en ninguno de sus artículos. En cambio, se centran en aspectos de gobernanza, servicios ofrecidos y, en algunos casos, financiación, que es uno de los elementos clave para sustentar todo lo demás.

En lo que se refiere a la estabilidad económica, la conclusión es que el sistema primigenio europeo de licencia o canon para la financiación de la radiodifusión pública -instaurado en el Reino Unido en la transición de la década de los años 20 a 30 del siglo XX, para diferenciarlo del modelo comercial de Estados Unidos y del de la propaganda de la Unión Soviética- está en retroceso y en proceso de transformación.

La clave de la transformación es la de mantener la garantía de independencia, sostenibilidad, plurianualidad y objetividad del nuevo sistema de financiación. De independencia para que la política de los partidos y los gobiernos no condicionen la financiación de la sostenibilidad y transformación de los PSM. De plurianualidad para que las variaciones presupuestarias anuales de las coyunturas económicas no alteren esa sostenibilidad y continuidad. De objetividad para que la financiación se base en un indicador previsible y comparativo -puede ser un porcentaje sobre el PIB o de la recaudación del IRPF- que permita asegurar la gestión del medio y largo plazo de operadores audiovisuales públicos que se tienen adaptar a la transformación que requiere la estrategia de la presente década digital, al reto de la introducción de las herramientas de inteligencia artificial, a las tendencias de los cambios de acceso y consumo, así como al notable incremento de la competencia de las redes y plataformas.

7. REFERENCIAS BIBLIOGRÁFICAS

Aslama-Horowitz, M. y Nieminen, H. (2017). "Diversity and rights. Connecting media reform and public service media". Scientific journal of information and communication, v. 14, pp. 99-119. http://icjournal-ojs.org/index.php/IC-Journal/article/view/385/341

BBC (2024). A BBC for the future. An essential part of the UK's democracy, creative economy and society. https://www.bbc.co.uk/aboutthebbc/documents/a-bbc-for-the-future.pdf

Campos Freire, F., de Aguilera-Moyano, M., & Rodríguez-Castro, M. (2018). Impacto de las plataformas globales en la competencia mediática y los resultados de las empresas de comunicación europeas. Communication & Society, 31(3), 223–238.

Cañedo, A., & Segovia, A. I. (2022). La plataformización de los medios de co-municación de servicio público. Una reflexión desde la economía política de la comunicación. In M. Goyanes & M. Campos-Rueda (Eds.), Gestión de medios públicos en el entorno digital: Nuevos valores, estrategias multiplataforma e internet de servicio público (pp. 65–88). Tirant Humanidades.

Carlson, M. (2015). "The robotic reporter: Automated journalism and the redefinition of labor, compositional forms, and journalistic authority". Digital journalism, v. 3, n. 3, pp. 416-431. https://www.tandfonline.com/doi/abs/10.1080/21670811.2014.976412

Diakopoulos, N. (2019). Automating the news. How algorithms are rewriting the media. London, UK: Harvard University Press. ISBN: 978 0 674976986

Fagerberg, J. (2003). Innovation: A Guide to the Literature. Centre for Technology, Innovation andCulture, University of Oslo.

Fernández-Lombao, T., Blasco-Blasco, O. y Campos-Freire, F. (2024). Politicisation persists and is increasing in European Public Service Media in the digital society. Media and Communication, 12. https://doi.org/10.17645/mac.7759

Fieiras-Ceide, César; Vaz-Álvarez, Martín; Túñez-López, Miguel (2022). "Artificial intelligence strategies in European public broadcasters: Uses, forecasts and future challenges". Profesional de la información, v. 31, n. 5, e310518.

Glowacki, M, & Jackson, L. (2013). Public media management for the twenty-first century: Creativity, innovation, and interaction. Routledge.

Hallin, D. C., & Mancini, P. (2004). Comparing media systems: Three models of media and politics. Cambridge University Press.

Hallin, D. C., & Mancini, P. (2011). Comparing media systems beyond the Western world. Cambridge University Press.

Labio-Bernal, A.; Rubira-García, R.; Poceviciene, R. (2024), eds. Communication Policies and Media Systems: Revisiting Hallin and Mancini´s Model. Media and Communication, v. 12. En: www.cogitatiopress.com/mediaandcommunication.

Labio-Bernal, A.; Rubira-García, R.; Poceviciene, R. (2024). Comparing Media Systems: A New Critical Academic Reading. Media and Communication, v. 12. En: www.cogitatiopress.com/mediaandcommunication.

López Nieto, E. (2018). Modelos de organización del órgano de administración en sociedades cotizadas. Trabajo de fin de grado dirigido por María del Rosario Mirat Santiago. Colegio Universitario de Estudios Financieros (CUNEF), Madrid.

CNMV (2020). Código de buen gobierno de las sociedades cotizadas. De 2015, revisado en 2020. Comisión Nacional de Mercado de Valores, Madrid.

OFCOM (2024). Future of TV distribution. Early market report to Government. (Última consulta en junio de 2024). https://www.ofcom.org.uk/__data/assets/pdf_file/0024/285018/Future-of-TV-Distribution-Report-to-Government.pdf

Parlamento Europeo (2024). Reglamento europeo sobre la libertad de los medios de comunicación. https://data.consilium.europa.eu/doc/document/PE-4-2024-INIT/es/pdf

Parlamento Europeo (2018). Directiva 2018 de servicios de comunicación audiovisual. https://eur-lex.europa.eu/legal-content/ES/TXT/?uri=celex%3A32018L1808

Parlamento Europeo (2018). Reglamento General de Protección de Datos. https://eur-lex.europa.eu/legal-content/ES/TXT/HTML/?uri=CELEX:02016R0679-20160504

Pedrero, L.M. (2022). La radio se transforma. Desafíos en la producción y en la gestión del audio digital. En IV Jornada de Innovación Radiofónica. Fundación Cope.

Ranaivoson, H., Farchy, J., & Gansemer, M. (2013). Differentiated strategies for digital innovation on television: Traditional channels vs. new entrants. Observatorio (OBS*) Journal, 7(4), 23-44. http://obs.obercom.pt/index.php/obs/article/view/659

Ranaivoson, H., Farchy, J., & Gansemer, M. (2013). Differentiated strategies for digital innovation on television: Traditional channels vs. new entrants. Observatorio (OBS*) Journal, 7(4), 23-44. http://obs.obercom.pt/index.php/obs/article/view/659

Sirén-Heikel, S., Leppänen, L., Lindén, C.G., Bäck, A. (2019). "Unboxing news automation: Exploring imagined affordances of automation in news journalism". Nordic journal of media studies, v. 1, n. 1, pp. 47-66.

Túñez-López, M., Toural-Bran, C.; Valdiviezo-Abad, C. (2019). "Automation, bots and algorithms in newsmaking. Impact and quality of artificial journalism". Revista Latina de Comunicación Social, n. 74, pp. 1411-1433.https://doi.org/10.4185/RLCS-2019-1391en

UER (2019). EBU news report 2019. The next newsroom: unloking the power of AI for public service journalism. Geneva: EBU. https://www.ebu.ch/publications/strategic/login_only/report/news-report-2019

Van den Bulck, H., Donders, K., & Ferrell, G. (2017). "Public Service Media in the Networked Society. What Society? What Network? What role?". En Ferrel, G., Van den Bulck, H. y Donders, K. Public service media in the networked society. Göteborg: Nordicom.

Vlaamse Regering (2024). Radiostudie over de transitie van analoge radio naar digitale radio en over de toekomstige DAB+/digital only omgeving. (Última consulta: junio 2024). https://www.vlaanderen.be/publicaties/digitale-radio-in-vlaanderen-radiostudie-over-de-transitie-van-analoge-radio-naar-digitale-radio-en-over-de-toekomstige-dab-digital-only-omgeving

Espacio público y plataformas digitales en los medios audiovisuales públicos europeos

Ana María López Cepeda y Marius Dragomir

Universidad Castilla la Mancha y Universidade de Santiago de Compostela

Resumen

La plataformización digital ha supuesto cambios y transformaciones importantes en los medios de comunicación. Este fenómeno supone ventajas ineludibles para el escenario mediático, pero implica riesgos derivados de la hegemonía de las GAFAM y grandes empresas mediáticas. Este capítulo de libro aborda la influencia de las plataformas digitales en los medios audiovisuales de servicio público (PSM), como medios de referencia al servicio de la ciudadanía. Para ello, se analizan las principales políticas audiovisuales en la UE sobre plataformización y cómo estas inciden en los PSM; por otra parte, se ofrece el estudio de cómo las plataformas digitales afectan a los medios audiovisuales públicos en una triple vertiente: condiciones estructurales, capacidad interna y compromiso externo. Los resultados muestran como a pesar de haber un avance en las políticas audiovisuales sobre plataformización -algunas con importantes efectos en los medios audiovisuales de servicio público- los Estados miembros siguen teniendo la última palabra en muchos aspectos que afectan a los mismos. Por otro lado, los cambios que debe afrontar el PSM europeo tras la llegada e implantación de las grandes plataformas digitales, deben ser inminentes si quieren solventar los grandes retos a los que se enfrentan en la actualidad: financiación, gobernanza, independencia y legitimidad, y reconexión con las audiencias.

Palabras clave: medios audiovisuales públicos; plataformización; políticas audiovisuales; espacio público; plataformas digitales

1. INTRODUCCIÓN

La plataformización de la estructura mediática ha marcado un antes y un después para los medios de comunicación ya que ha supuesto cambios en sus estructuras, tecnologías y formas de relacionarse con sus audiencias. Además, la importancia de las plataformas digitales ha dejado entrever su implicación en procesos democráticos como el Brexit o las elecciones estadounidenses (Trappel et al., 2023). La expansión de las GAFAM (Google, Apple, Facebook, Amazon y Microsoft) ha tenido, por lo tanto, consecuencias considerables para los medios de comunicación en general, pero también para los de servicio público, en particular (Andersen y Sundet, 2019; Van Es y Poell, 2020) ya que compiten con las plataformas digitales y las plataformas de medios sociales, "tanto por la atención de los espectadores como por la cultura" (Stollfuß, 2024). Esta nueva tendencia implica un cambio de perspectiva con respecto a los valores de los medios de servicio público (Karadimitriou y Papathanassopoulos, 2024), y ya se apunta a que estos se enfrentan a "un nuevo giro en su historia", necesitando una mayor extensión semántica a los límites de su significado: de medios de servicio público (PSM) a plataformas de servicio público (PSP) (Bonini-Baldini, Túñez-López y Barrientos-Báez, 2021).

En este escenario cambiante, este capítulo aborda la influencia de las plataformas en los medios audiovisuales de servicio público desde una doble perspectiva. En primer lugar, se plantea un análisis de las principales políticas audiovisuales europeas en los últimos años y cómo estas pueden afectar a estos medios de servicio público. El nuevo panorama ha supuesto nuevos retos para la Unión Europea, entre los cuales se encuentra abordar las nuevas amenazas y riesgos a través de toda una batería de regulaciones. Por ello, se han aprobado nuevas políticas y normas que afectan en mayor o menor medida a los medios audiovisuales de servicio público. Algunas de una forma indirecta como es el caso de las distintas versiones de las Directiva de Servicios de Comunicación Audiovisual, la Ley de Servicios Digitales (DSA) o la Ley de Mercados Digitales (DMA). Y otras de forma más directa como la reciente Ley de

Libertad de los Medios de Comunicación (EMFA). La Unión Europea ha apostado por mantener una política audiovisual intervencionista que regula a los medios lineales desde los años 80 y que se ha extendido en los últimos quince años a las plataformas baja demanda, y de forma más reciente a las plataformas de intercambio de vídeos y a las plataformas digitales. El debate en torno a una mayor o menor intervención ha estado siempre al orden del día, pero en la Unión Europea parece que los derechos e intereses públicos existentes en el ámbito de la comunicación audiovisual "revisten una transcendencia tan nuclear para una democracia" que justifica dicha intervención de los poderes públicos (Martínez-Otero, 2019).

En segundo lugar, en este capítulo se plantea el estudio de cómo las plataformas digitales afectan e influyen en los medios de servicio público en una triple área: condiciones estructurales (financiación y gobernanza), capacidad interna (cobertura editorial y cambios profesionales de los periodistas), y compromiso externo (relación con las audiencias).

La doble perspectiva del capítulo permite abordar el debate en torno a la afectación de los medios de comunicación públicos en la era de la plataformización y repensar los cambios que deben y pueden asumir para seguir siendo medios de referencia ante la ciudadanía europea. Si bien las plataformas digitales brindan a los medios de servicio público nuevas oportunidades para mantener su relevancia en las estructuras mediáticas nacionales, estos también deben enfrentar desafíos adicionales como mantener sus valores de servicio público, a la par que imponen nuevas tecnologías y prácticas digitales (Klein-Shagrir y Keinonen, 2014).

2. POLÍTICAS EUROPEAS SOBRE MEDIOS AUDIOVISUALES PÚBLICOS EN LA ERA DE LA PLATAFORMIZACIÓN

La política audiovisual europea en torno a los medios audiovisuales públicos tradicionalmente ha dejado mucho margen a los Estados miembros para decidir y "no se percibe un impacto directo de la UE respecto de la definición, gobernanza o estructura de los PSM" (Llorens y Muñoz-Saldaña, 2023, p. 11). No obstante, sí ha habido ciertos aspectos regulados a nivel europeo que han afectado a los medios de servicio público. Se han aprobado normas sobre competencia y sobre acceso a eventos públicos, derecho de réplica, publicidad, protección de menores y promoción de obra europea -a través de las directivas audiovisuales, siendo la última la Directiva de Servicios de Comunicación Audiovisual de 2018-, si bien en la mayoría de las ocasiones con regulaciones iguales para medios privados y públicos.

En los últimos años, parece que ha habido un cierto giro en las políticas audiovisuales de la UE que ha decidido optar por la aprobación de varias normas con efecto directo en todos los Estados miembros. El crecimiento y auge de las plataformas digitales ha supuesto un cambio en la economía digital con ventajas como mejorar el intercambio de bienes, servicios e información, pero con características estructurales dañinas, como la promoción de la concentración del mercado, el aumento de nuevas formas de desequilibrios de poder, la apropiación de datos de los usuarios, infracciones de derechos y prerrogativas protegidos y el peligro para la integridad del discurso público (Eifert et al., 2021). Esto ha originado que la Unión Europea plantee "la economía digital como una de sus políticas de la era digital" (Argelich-Comelles, 2022), y haya optado por aprobar varias normas que afectan a las plataformas digitales.

Así, en 2022 se aprueban la Ley de Servicios Digitales o *Digital Services Act* (DSA) y la Ley de Mercados Digitales o *Digital Markets Act* (DMA) a través de las cuales se trata de armonizar la regulación fortaleciendo el mercado digital europeo a través de responsabilidades comunes para el conjunto de prestadores de servicios digitales, en especial las plataformas en línea (Llorens y Muñoz-Saldaña, 2023). Tal y como señalan estos dos autores (2023) son normas que, aunque resultan más básicas y generales que las dispuestas en la normativa audiovisual, sí afectarán a los medios audiovisuales públicos digitales. La Unión Europea se ha volcado recientemente en otras normas que también regulan problemáticas actuales como los derechos de autor o la inteligencia artificial y que inciden indirectamente en los medios audiovisuales de servicio público. De forma más directa la Unión Europea sí ha regulado la independencia de estos medios a través de la aprobación de la Ley de Libertad de los Medios de Comunicación o *European Media Freedom Act* (EMFA) (2024) que, si bien, nace con el objetivo de mejorar y defender la independencia del mercado audiovisual europeo, sí hace referencia específica en este caso, a los medios de servicio público.

Analizando cada norma de forma más concreta, se puede deducir que si bien la Directiva de Servicios de Comunicación Audiovisual de 2018 no regula específicamente a los medios de servicio público, sí introduce novedades que les afectan. Esta norma trata de homogeneizar la regulación de servicios lineales y plataformas bajo demanda en materia de protección de menores y obra europea, fundamentalmente. En este sentido, la directiva insta a las plataformas bajo demanda a tener en su catálogo al menos el 30% de obra europea, y además hacerlo con la debida prominencia. Este porcentaje es menor que al que están obligados los servicios lineales (51%), pero mejora en relación con las directivas anteriores. Además, se establece la obligación para unos y otros servicios de financiar obra europea de igual manera. En materia de publicidad, la tendencia es a flexibilizar la regulación anterior (Martínez-Otero, 2019). Por otro lado, la directiva regula por primera vez a las denominadas plataformas de intercambio de vídeos. Tradicionalmente, se consideraba que estas plataformas no debían tener responsabilidad editorial por el contenido que se publicaba. No obstante, en los últimos años se ha comenzado a cuestionar la exoneración de esta responsabilidad, en especial en casos de incitación al odio o contenido terrorista (Kuklis, 2020). La Directiva de Servicios de Comunicación Audiovisual revisada en 2018 insta a los Estados miembros a que estas plataformas tomen medidas para proteger a los menores y a todos los ciudadanos de la incitación y discursos de odio. Además, aplica reglas para el control de la publicidad como transparencia y restricciones de anuncios sobre productos dañinos, particularmente si los contenidos van dirigidos a menores (Broughton-Micova, 2020).

Las dos últimas normas aprobadas en 2022 sobre servicios y mercados digitales - la *Digital Services Act* (DSA) y la *Digital Markets Act* (DMA)- afectan a los servicios digitales europeos y, en ese sentido, inciden indirectamente a los medios audiovisuales públicos. Según EBU (2023a) la DSA se dirige a todos los servicios digitales, desde las redes sociales hasta las tiendas de aplicaciones y las plataformas para compartir contenidos, haciendo responsables a estas de la información ilegal ofrecida en sus servicios. En concreto, la DSA obliga a las plataformas a describir cómo reducir los riesgos vinculados a la distribución ilegal de contenidos y la manipulación de servicios que pongan en peligro la seguridad pública, los procesos democráticos y las prácticas de los usuarios (Stollfuß, 2024). Clasifica los riesgos sistémicos en cuatro categorías: riesgos asociados a la difusión de contenidos ilícitos; riegos que afecten a derechos fundamentales como la dignidad humana, la libertad de expresión y de información, el derecho a la vida privada, el derecho a la protección de datos, el derecho a la no discriminación, los derechos del niño y la protección de los consumidores; efectos negativos reales o previsibles sobre los procesos democráticos, el discurso cívico y los procesos electorales, así como sobre la seguridad pública; y riesgos que pongan en peligro la salud pública, los menores y graves consecuencias negativas para el bienestar físico y mental de una persona, o la violencia de género. También se les exige a estas plataformas que sean transparentes en sus términos y condiciones y que lo hagan a través de un informe anual donde señalen la moderación de contenidos que han llevado a cabo (Unión Europea, 2022).

Esta regulación afecta a los medios audiovisuales de servicio público ya que a partir de su aplicación podrán entender mejor las condiciones de los proveedores de servicios intermediarios y estarán informados cuando estos eliminen o restrinjan la visibilidad de sus contenidos. Además, podrán formular quejas a través de procedimientos internos y externos ante estas decisiones o ante el incumplimiento de la normativa. En relación con los riesgos sistémicos se podría abrir una vía de cooperación entre las plataformas y medios de servicio público para abordar los mismos, si bien la DSA no establece ninguna obligación al respecto. También podría ser interesante que los medios audiovisuales públicos elaborasen códigos de conducta sobre la aplicación del reglamento (EBU, 2023b).

Por su parte, la DMA tiene como objetivo impedir que las plataformas aprovechen su posición para discriminar otros servicios. La regulación también afecta a las medidas de priorización de contenido, ya que prohíbe a estas organizaciones otorgar un trato preferencial a sus propios productos, contenido o información (Mazzoli, 2023). Finalmente, otras normas como la Directiva de derechos de autor (2019) o la Ley sobre Inteligencia Artificial (2024) también afectarán indirectamente a los medios audiovisuales públicos en aspectos como la desinformación, los derechos de autor y el ecosistema mediático (EBU, 2024a).

La Ley de Libertad de los Medios de Comunicación (EMFA), con la cual la Comisión Europea intenta ampliar el radio de su actividad (Holtz-Bacha, 2024), incide de forma más directa en los medios audiovisuales públicos. Esta norma reconoce que las empresas de medios no pueden ser tratadas de la misma manera que otras empresas y que su independencia debe protegerse en el ámbito de la UE (Kozak, 2024). En relación con los medios de titularidad pública, se insta a los Estados miembros a crear las salvaguardias necesarias para garantizar su independencia, fundamentalmente a través del nombramiento de los órganos de gobernanza, financiación del servicio público y creación de autoridades u organismos que vigilen estos dos criterios. No obstante, se sigue dejando bastante discrecionalidad a los Estados miembros para decidir sobre su servicio audiovisual público, tal y como se deduce del Protocolo de Ámsterdam (Cole, 2024), fundamentalmente en su definición, función y contenidos.

3. PLATAFORMAS DIGITALES Y MEDIOS AUDIOVISUALES DE SERVICIO PÚBLICO

Cuando se examina el impacto de las plataformas digitales en los medios de servicio público es crucial identificar los cambios provocados por la plataformización. Esta se refiere a la expansión de las plataformas digitales en diversos sectores, incluyendo la economía, el gobierno y la infraestructura en los ecosistemas web y de aplicaciones.

La plataformización, como modelo infraestructural y económico predominante de la web social (Helmond, 2015), tiene implicaciones significativas para toda la industria de los medios (Nieborg y Poell, 2018; Nieborg y Poell, 2019). Se señala que tres mecanismos clave utilizados por las plataformas digitales para establecer su posición dominante (Van Dijck, Poell y De Waal, 2018) son: la datificación, que es crucial para el negocio y la influencia de los medios de comunicación (Napoli, 2016; Harper, 2017); la mercantilización, que implica la estratificación de los clientes y a menudo conduce a una "tiranía de la mayoría" (Harper, 2017); y la selección, que implica la curación de temas para personalizar y dirigir las ofertas de contenido (Tambini y Labo, 2016).

Los cambios provocados por la plataformización se han traducido en modificaciones significativas para el ecosistema global de los medios de comunicación, obligando a las empresas de medios a renovar sus operaciones y procesos internos para mantenerse competitivas. Los medios de servicio público también se han visto significativamente afectados por este fenómeno, lo que ha llevado a estas organizaciones a realizar ajustes en sus operaciones, incluyendo cambios en las estrategias de distribución (D'Arma, Raats y Steemers, 2021).

Para sobrevivir, o idealmente prosperar, en el cambiante panorama mediático de hoy en día, los medios de servicio público deben someterse a una modificación significativa. Según varios expertos, esta transformación debe comenzar con una expansión de su misión a medida que se convierten en Plataformas de Servicio Público (PSP) (Bonini-Baldini, Túñez-López y Barrientos-Báez, 2021). Además, estas organizaciones deben realizar una serie de ajustes para alinearse con las nuevas dinámicas del mercado y las tecnologías creadas por las plataformas de redes sociales. Específicamente, los medios de servicio público deben adaptarse a dos tendencias clave asociadas con la plataformización: la abundancia de contenido y plataformas disponibles, y la creciente preferencia por la visualización personalizada bajo demanda (Raats, Steamers, y Donders, 2018).

A diferencia de las empresas de medios financiadas comercialmente, los medios de servicio público tienen un mandato único que debe tenerse en cuenta a la hora de abordar los cambios provocados en el nuevo escenario mediático. En sus esfuerzos por adaptarse a la economía de plataforma, estos deben mantener sus valores fundamentales que tradicionalmente definen su misión de servicio público: universalidad, independencia, excelencia, diversidad, responsabilidad e innovación (EBU, 2012). No cumplir con estos valores provocaría que estos medios pierdan su posición distintiva y se desvíen del mandato que los distingue de otros actores mediáticos.

Para analizar los retos que enfrentan los medios de servicio público, se diseña a continuación un marco que mapea estos desafíos en tres áreas clave: a) condiciones estructurales, incluyendo financiación y modelos de gobierno/gestión; b) capacidad interna, que abarca la independencia editorial y el desarrollo profesional; c) participación y comunicación externa, que involucra la interacción con la audiencia y la adopción pública de los valores y la misión de servicio público.

3.1. Condiciones estructurales

En términos de condiciones estructurales, los medios de comunicación de servicio público deben enfrentarse a desafíos significativos en dos aspectos cruciales durante la última década: gobernanza y financiación.

En cuanto a la gobernanza, el Consejo de Europa ha implementado una serie de estándares para garantizar la independencia de los medios de comunicación de servicio público de la influencia gubernamental que incluyen protocolos justos e imparciales para la selección y destitución de los órganos de supervisión, así como medidas para prevenir el control político o cualquier otra forma de interferencia (Consejo de Europa, 2012). Sin embargo, a pesar de estos esfuerzos, las circunstancias prevalecientes siguen presentando obstáculos significativos. Los procedimientos de nombramiento y destitución siguen siendo barreras para la autonomía de estas organizaciones mediáticas. El Monitor de Pluralismo de los Medios, una iniciativa de investigación respaldada por la Unión Europea, ha identificado a 22 países como de riesgo medio a alto en términos de independencia de sus medios de comunicación de servicio público (CMPMF, 2023).

En lo referente a la financiación, los medios de comunicación de servicio público en Europa dependen principalmente de una combinación de asignaciones presupuestarias estatales (incluidos fondos públicos separados del presupuesto estatal) y tarifas de licencia (EBU, 2024b). En 2022, la mayoría de los medios de comunicación de servicio público en Europa, en concreto el 60% de los países miembros de la UER, se financiaron a través de asignaciones del presupuesto estatal. Las tarifas de licencia u otras formas de financiación diferentes constituyeron la mayor parte del presupuesto de estas organizaciones en el 40% de los países (EBU, 2024b).

En este ámbito, el surgimiento de plataformas digitales ha tenido un impacto significativo en los medios de comunicación de servicio público. El modelo basado en tarifas de licencia, por ejemplo, está enfrentando desafíos considerables en los últimos años debido a la creciente popularidad del modelo de video a petición o bajo demanda, donde el público juega un papel central en decidir qué y dónde gastar su dinero a la hora de consumir contenido. Los medios de comunicación de servicio público deben, por lo tanto, adoptar un modelo de financiación que cumpla con estándares establecidos para mantener la estabilidad, adecuación, independencia política, equidad, justificación, transparencia y responsabilidad (EBU, 2023c).

Todo ello supone que estos medios continúan, por un lado, lidiando con diversos problemas relacionados con el control en su estructura de gobernanza, retos que son históricos y anteriores a la era de las plataformas. Por otra parte, en lo referente a su financiación, el modelo de plataformas digitales ha tenido un impacto significativo en estas organizaciones. En su transición a un ecosistema de plataformas, parecen verse afectadas por el choque entre los principios de financiación y las realidades y tendencias en evolución asociadas con la plataformización

3.2. Capacidad interna

Las organizaciones de medios de servicio público en toda Europa también han tenido que someterse a revisiones significativas de sus estrategias de contenido para satisfacer las demandas cada vez mayores y la naturaleza siempre cambiante del mercado digital, renovando sus salas de redacción para adaptarse eficazmente al panorama de los medios digitales. En esta área, el impacto de las plataformas digitales parece ser bastante sustancial.

Esta transformación implica alejarse del modelo tradicional centrado en la radiodifusión y adoptar un enfoque más versátil y multiplataforma para la creación y difusión de contenido. La reestructuración del flujo de producción ha dado resultados diversos debido a los diferentes requisitos de las plataformas. En el Reino Unido, la BBC implementó una solución que implica la recopilación colaborativa de noticias y la producción específica de plataformas, con el objetivo de mejorar la eficiencia y la coordinación (Sehl et al., 2019). Por otro lado, países como Italia, Francia y Polonia han experimentado una fragmentación editorial en sus medios de servicio público, un desafío que persiste en la era digital, ya que estos medios luchan por consolidar sus activos en línea en un sitio web unificado (Sehl et al., 2019).

La reorganización de los procesos de producción de contenido en los medios de servicio público está estrechamente vinculada a factores de gobernanza como la influencia política y las presiones de los sindicatos, así como a consideraciones de financiamiento. La financiación inadecuada puede llevar tanto a un impulso acelerado hacia la centralización para conservar recursos como a un proceso más gradual para justificar mayores asignaciones presupuestarias estatales (Quinn, 2005).

Las plataformas han provocado una transformación significativa en la producción de contenido, donde la automatización ha adquirido un papel prominente, reflejando una tendencia predominante observada en las empresas privadas. Las organizaciones de medios de servicio público han estado utilizando progresivamente la automatización, como los bots, para fortalecer la difusión de contenido de noticias (Jones y Jones, 2019). También se han beneficiado de la economía de plataformas, que ofrece nuevas oportunidades para la distribución de contenido. En comparación con los medios privados, los medios de servicio público muestran una mayor actividad en las redes sociales, publicando una mayor cantidad de contenido cuando se consideran individualmente (Ferrer-Conill et al., 2023).

3.3. Participación y comunicación externa

En algunos países, las organizaciones de medios de servicio público siguen ocupando una posición destacada en el panorama mediático a pesar de la proliferación de los medios digitales. Son ampliamente reconocidas en varias naciones como una fuente confiable de noticias e información de alta calidad en comparación con otras ofertas mediáticas (Sehl, 2020), captando eficazmente audiencias políticamente diversas y atrayendo a personas con y sin inclinaciones populistas.

Sin embargo, en el área de la participación pública, que es un principio fundamental que guía el funcionamiento de las plataformas, el progreso en los medios de servicio público ha sido relativamente lento (Glowacki y Jaskiernia, 2017). La participación de las audiencias en la producción de contenido, que es un pilar del modelo plataforma, ha producido resultados mixtos en los medios de servicio público. Una de las razones de esto es la desconexión entre los objetivos centrados de los medios de servicio público y los objetivos centrados en la sociedad priorizados por los ciudadanos (Vanhaeght, 2019).

Hoy en día, existe una brecha significativa entre los medios de servicio público y sus espectadores, especialmente el grupo demográfico más joven que se inclina hacia plataformas alternativas para sus necesidades de entretenimiento e información. Los expertos enfatizan la necesidad de revitalizar los medios de servicio público para garantizar su relevancia y éxito continuo (Lowe y Maijanen, 2019). Sin embargo, lograr esta tarea plantea desafíos considerables, ya que las plataformas tecnológicas son mucho más efectivas para captar la atención de las audiencias más jóvenes y moldear sus patrones de consumo (Eichner et al., 2021).

4. CONCLUSIONES

En la última década, los medios de comunicación europeos han experimentado cambios significativos debido a una combinación de avances tecnológicos y a una serie de crisis económicas, sanitarias y geopolíticas. La Unión Europea ha respondido a estos desafíos con un sólido marco de políticas, adoptando una serie de documentos legales que impactan directamente en el funcionamiento de los medios de comunicación.

Un conjunto de políticas se centra en las plataformas digitales, las cuales, debido a su poder económico, han causado importantes perturbaciones no sólo en el sector de los medios de comunicación, sino también en muchas otras industrias. A través de la Ley de Servicios Digitales (DSA) y la Ley de Mercados Digitales (DMA), la Unión Europea tiene como objetivo regular el poder de estas plataformas y aumentar su responsabilidad en relación con cuestiones como la desinformación, el contenido ilegal y otros riesgos sociales. La Comisión Europea ha creado una lista de Plataformas en Línea Muy Grandes (VLOPs), que incluye entidades conocidas como X, Meta, Tik-Tok y Youtube, así como Motores de Búsqueda en Línea Muy Grandes (VLOSEs) en función de su gran base de usuarios, que supera los 45 millones o el 10% de la población de la UE. Desde agosto de 2023, estas plataformas deben cumplir con responsabilidades adicionales, incluyendo evaluaciones y mitigación de riesgo y obligaciones de transparencia.

Por otro lado, la Unión Europea también ha introducido la Ley Europea de Libertad de los Medios de Comunicación (EMFA) para salvaguardar la libertad de los medios de comunicación en toda la Unión, especialmente ante los crecientes ataques al periodismo independiente. La EMFA incluye disposiciones que abordan específicamente los medios de servicio público, exigiendo a los Estados miembros que garanticen su independencia editorial y funcional, eviten la politización de las estructuras de gestión y garanticen una financiación adecuada, sostenible y predecible. Estas disposiciones forman parte de un conjunto más amplio de requisitos legales que abordan importantes cuestiones que afectan a la libertad de los medios de comunicación, como la transparencia en la propiedad de los medios, la asignación de publicidad estatal, la concentración de la propiedad de los medios y la protección de la independencia editorial.

Si bien todavía es demasiado pronto para evaluar completamente el impacto de estas nuevas disposiciones legales de la UE, se cree que las políticas destinadas a frenar el poder de las grandes plataformas tecnológicas beneficiarán indirectamente a los medios de servicio público. Sin embargo, el éxito de la EMFA no debe darse por sentado. Muchas cuestiones relacionadas con los medios de comunicación están reguladas a nivel nacional, lo que dificulta la evaluación y el abordaje de cuestiones como la politización de los órganos de gobierno de los medios de servicio público. Además, el poder vinculante de la UE sobre cuestiones relacionadas con los medios de comunicación a nivel nacional sigue siendo limitado, lo que constituye una debilidad significativa de las regulaciones de la UE en este ámbito.

Al mismo tiempo, si bien las políticas de la UE abordan una amplia gama de cuestiones relevantes relacionadas con la libertad de los medios de comunicación, las presiones ejercidas por las plataformas digitales sobre los medios de servicio público requieren cambios que van más allá de la política de la UE. El análisis del impacto de la plataformización en los medios de servicio público en este capítulo sugiere que el modelo de financiación y la capacidad de adaptarse a las tendencias de consumo cambiantes y a las audiencias fluctuantes en el campo de los medios y la tecnología son las áreas que experimentan las transformaciones más significativas.

Desde esta perspectiva, Europa se puede dividir en dos grupos de medios de servicio público. Por un lado, hay radiodifusores con un gran número de seguidores y un amplio reconocimiento, como la BBC en el Reino Unido, ARD y ZDF en Alemania, ORF en Austria o los radiodifusores públicos en los países nórdicos. Estos radiodifusores están luchando por encontrar un modelo de financiación que los proteja de los ataques y presiones políticas, que se han intensificado en algunos de estos países en los últimos años. El modelo de tarifa de licencia, que está cada vez más desactualizado en la economía digital actual, ha desempeñado históricamente un papel crucial en garantizar la independencia de los medios de servicio público. Ahora, estos radiodifusores están intentando replicar ese modelo a través de un mecanismo de financiación basado en impuestos. Además, se enfrentan a desafíos para adaptarse a las preferencias de consumo de sus audiencias, especialmente las generaciones más jóvenes.

Por otro lado, hay un grupo de radiodifusores de servicio público que históricamente han operado bajo la guía política y el control gubernamental en países como Italia, Grecia, España y una serie de Estados de Europa Oriental, donde el proceso de transformar los medios estatales en medios de servicio público, que comenzó después de la caída del comunismo a principios de la década de 1990, no ha tenido éxito. Los medios de servicio público en este grupo generalmente han abandonado el modelo de tarifa de licencia y dependen de subsidios estatales, lo que refuerza aún más el control gubernamental sobre ellos. Paradójicamente, estos medios disfrutan de estabilidad financiera debido al subsidio estatal anual, lo que les permite centrarse en la producción de contenido. En algunos países, como Hungría, también son populares porque tienen acceso a recursos técnicos y pueden permitirse inundar el espacio público con una cantidad significativa de contenido. Sin embargo, el problema con estos medios es que ya no cumplen con su misión de servicio público y en su lugar sirven como voceros del gobierno.

En conclusión, si bien la UE puede tener éxito en disminuir en cierta medida el poder de las plataformas digitales, eso no será suficiente para garantizar la independencia de los medios de servicio público. Se necesitan mecanismos de implementación sólidos junto con presiones políticas sobre los países que no respetan las normas existentes para salvar la integridad, independencia y relevancia del proyecto de medios de servicio público en toda Europa.

5. REFERENCIAS BIBLIOGRÁFICAS

Andersen, M.M., y Sundet, V.S. (2019). "Producing Online Youth Fiction in a Nordic Public Service Context". *Journal of European Television History and Culture*, 8. https://doi.org/10.25969/mediarep/14780.

Argelich-Comelles, A. (2022). "Gobernanza de las plataformas en línea ante la DSA y las Propuestas de Reglamento de Mercados Digitales e Inteligencia Artificial (DMA y AIA). *Anuario de Derecho Civil*, Tomo LXXV, Fascículo II, pp. 501-530.

Bonini-Baldini, T., Túñez-López, M., y Barrientos-Báez, A. (2021). "Public Service Media in the Age of Platformization of Culture and Society". En: Túñez-López, M., Campos-Freire, F., y Rodríguez-Castro, M. (eds.). *The Values of Public Service Media in the Internet Society*. Cham: Palgrave Macmillan. https://doi.org/10.1007/978-3-030-56466-7_3

Broughton-Micova, S. (2020). "The Audiovisual Media Services Directive: Balancing Liberalisation and Protection (Draft)". En Luigi-Parcu, P., y Brogi, E. (Eds.). *Research Handbook on EU Media Law and Policy*. Cheltenham: Elgar.

Centre for Media Pluralism and Media Freedom (CMPMF) (2023) Media Pluralism Monitor 2023. https://cmpf.eui.eu/media-pluralism-monitor-2023/

Cole, M. (2024). "Acting on Media Freedom: The Proposed European Media Freedom Act (EMFA) of the European Union". *University of the Pacific Law Review*, 55.

Consejo de Europa (2012). Recommendation CM/Rec. (2012)1 of the Committee of Ministers to member States on public service media governance (Adopted by the Committee of Ministers on 15 February 2012 at the 1134th meeting of the Ministers' Deputies). https://search.coe.int/cm/Pages/result_details.aspx?ObjectID=09000016805cb4b4

D'Arma, A., Raats, T., y Steemers, J. (2021). "Public service media in the age of SVoDs: A comparative study of PSM strategic responses in Flanders, Italy and the UK". *Media, Culture & Society* 43(4), pp. 682–700. https://doi.org/10.1177/0163443720972909

EBU (2012) Empowering Society: A Declaration on the Core Values of Public Service Media, EBU. https://www.ebu.ch/files/live/sites/ebu/files/Publications/EBU-Empowering-Society_EN.pdf

EBU (2023a). Digital Services Act Handbook. Febrero de 2023. https://www.ebu.ch/news/2023/02/digital-services-act-handbook-public-version.

EBU (2023b). Digital Services Act. A handbook for Public Service Media https://www.ebu.ch/files/live/sites/ebu/files/Publications/Reports/open/10022023-Digital-Services-Act-Handbook%e2%80%93Public-Version.pdf

EBU (2023c) Funding of Public Service Media. Media Intelligence Service. Abril de 2023. EBU https://www.ebu.ch/files/live/sites/ebu/files/Publications/MIS/login_only/funding/EBU-MIS-Funding_of_PSM_2022_Public.pdf

EBU (2024a). AI Regulation and Public Service Media: A Look Ahead. Enero de 2024. https://www.ebu.ch/guides/loginonly/report/ai-regulation-and-its-importance-for-public-service-media-a-look-ahead

EBU (2024b) Funding of Public Service Media. Media Intelligence Service. Marzo de 2024. EBU https://www.ebu.ch/files/live/sites/ebu/files/Publications/MIS/login_only/funding/EBU-MIS-Funding_of_PSM_2023_Public.pdf?site=ebu

Eichner, S., Gutiérrez Lozano, J.F., Hagedoorn, B., Autenrieth, U., Künzler, M., y Fehlmann, F. (2021). "'Shoulda, Coulda, Woulda': Young Swiss audiences' attitudes, expectations and evaluations of audiovisual news and information content and the implications for public service television". Critical Studies in Television 16(2), pp. 110–125. https://doi.org/10.1177/1749602021998238.

Eifert, M., Metzger, A., Schweitzer, H., y Wagner, G. (2021). "Taming the giants: The DMA / DSA package". Common Market Law Review, 58(4), pp. 987-1028. https://doi.org/10.54648/cola2021065

Ferrer-Conill, R., Karlsson, M., Haim, M., Kammer, A., Elgesem, D., y Sjøvaag, H. (2023). "Toward 'Cultures of Engagement'? An exploratory comparison of engagement patterns on Facebook news posts". New Media & Society, 25(1), pp. 95–118. https://doi.org/10.1177/14614448211009246

Glowacki, M., Jaskiernia, A. (Eds.). (2017). Public service media renewal. Adaptation to digital networks challenges. Frankfurt Am Main, Peter Land.

Harper, T. (2017). "The big data public and its problems: Big data and the structural transformation of the public sphere". *New Media & Society*,19(9), pp. 1424–1439.

Helmond, A. (2015). "The platformization of the web: Making web data platform ready". *Social Media & Society,* 1(2).

Holtz-Bacha, CH. (2024). "Freedom of the media, pluralism, and transparency. European media policy on new paths?". *European Journal of Communication*, 39(1), pp. 37-55. https://doi.org/10.1177/02673231231176966

Jones, B., y Jones, R. (2019). "Public Service Chatbots: Automating Conversation with BBC News". *Digital Journalism,* 7(8), pp. 1032-1053. https://doi.org/10.1080/21670811.2019.1609371

Karadimitriou, A., y Papathanassopoulos, S. (2024). "Public Service Media in the Platform Era: The Cases of Britain, Denmark, and Greece". *Journalism and Media,* 5(2), pp. 646-670. https://doi.org/10.3390/journalmedia5020043

Klein-Shagrir, O., y Keinonen, H. (2014). "Public Service Television in a Multi-Plattform Environment: A Comparative Study in Finland and Israel", 3(6). *Journal European Television History and Culture. https*://doi.org/10.18146/2213-0969.%Y.107

Kozak, M. (2024). "The Media Pluralism Principle, The Financing of Public Broadcasters, and EU Law". *German Law Journal,* 25(1), pp. 111-127. https://doi.org/10.1017/glj.2023.100

Kuklis, L. (2020). "Media regulation at a distance: video-sharing platforms in Audiovisual Media Services Directive and the future of content regulation". *Rivista di Diritto dei Media,* pp. 95-110.

Lowe, G.F., y Maijanen, P. (2019). "Making sense of the public service mission in media: youth audiences, competition, and strategic management". *Journal of Media Business Studies,* 16(1), pp.1-18. 10.1080/16522354.2018.1553279

Llorens, C., y Saldaña, M. (2023). "El impacto de las nuevas políticas europeas en la regulación de los medios públicos españoles: ¿una influencia decisiva?". Communication *& Society,* 36(1), pp. 1-15.

Martínez-Otero, J.M. (2019). "Un nuevo marco regulador para el sector audiovisual en Europa: la Directiva 2018/1808 en el contexto de la convergencia mediática y el Mercado Único Digital". Revista de Derecho Comunitario Europeo, 63, pp. 537-571.https://doi.org/10.18042/cepc/rdce.63.05

Mazzoli, E.M., *The politics of content prioritisation online governing prominence and discoverability on digital media platforms.* PhD thesis, London School of Economics and Political Science.

Napoli, P.M. (2016). "The audience as product, consumer and producer in the contemporary marketplace". En: Lowe G.F., y Brown, C. (eds.) *Managing Media Firms and Industries: What's So Special About Media Management.* Heidelberg, Springer, pp. 261–275.

Nieborg, D., y Poell, T. (2018). "The platformization of cultural production: Theorizing the contingent cultural commodity". *New Media & Society* 20(11), pp. 4275–4292. https://doi.org/10.1177/1461444818769694

Nieborg, D., y Poell, T. (2019). "The Platformization of Making Media". En M. Prenger, M., y Deuze, M. (eds.) *Making Media: Production, Practices, and Professions.* Amsterdam, University Press, pp. 85-96. https://doi.org/10.1017/9789048540150.006

Quinn, S. (2005). "Convergence's Fundamental Question". *Journalism Studies* 6(1), pp. 29–38. https://doi.org/10.1080/1461670052000328186.

Raats T., Steamers J., y Donders, K. (2018). "Is content still king? Trends and challenges in the production and distribution of television content in Europe".

En: D'Haenens L., Sousa H., y Trappel J. (eds.). *Comparative Media Policy, Regulation and Governance in Europe: Unpacking the Policy Cycle.* London, Intellect, pp. 29–50.

Sehl, A., Cornia, A., Graves, L., y Nielsen, R.K. (2019). "Newsroom Integration as an Organizational Challenge". *Journalism Studies,* 20(9), pp. 1238-1259. https://doi.org/10.1080/1461670X.2018.1507684

Sehl, A. (2020). "Public Service Media in a Digital Media Environment: Performance from an Audience Perspective". *Media and Communication,* 8(3), pp. 359-372. https://doi.org/10.17645/mac.v8i3.3141

Stollfuß, S. (2024). "Platformization as a Structural Dimension for Public Service Media in Germany: The *funk* Content Network and the New Interstate Media Treaty". *Television & New Media,* 25(2), pp.185- 203. https://doi.org/10.1177/15274764221138248

Tambini D., y Labo S. (2016). "Digital Intermediaries in the UK: Implications for News Plurality". *Info,* 18(4), pp. 33–58.

Trappel, J., d´Haenens, L., Nieminen, H., y Thomass,B. (2023). "Policy Responses to Digital Communication Platforms with a Focus on Europe". En Mutsvairo, B., y Jamil, S. (Eds.). *Global Transformations in Media and Communicatoin Research. A Palgrave and IAMCR Series.* Heidelberg, Springer.

Unión Europea (2022). Reglamento (UE) 2022/2065 del Parlamento Europeo y del Consejo de 19 de octubre de 2022 relativo a un mercado único de servicios digitales y por el que se modifica la Directiva 2000/31/CE (Reglamento de Servicios Digitales). https://eur-lex.europa.eu/legal-content/EN/TXT/?uri=celex%3A32022R2065

Van Dijck, J., Poell, T., y De Waal, M. (2018). *The Platform Society. Public Values in a Connective World.* New York, NY, Oxford University Press.

Van Es, K., y Poell, Th. (2020). "Platform Imaginaries and Dutch Public Service Media". *Social Media + Society,* 6(2). https://doi.org/10.1177/2056305120933289

Vanhaeght, A-S. (2019). "The need for not more, but more socially relevant audience participation in public service media". *Media, Culture & Society,* 41(1), pp. 120–137. https://doi.org/10.1177/0163443718798898

Experiencias inmersivas y medios de servicio público: experimentación, aplicación y medición

Sara Pérez-Seijo y Olga Blasco-Blasco

Universidade de Santiago de Compostela y Universitat de València

Resumen

En los últimos años, los medios de comunicación han experimentado un importante proceso de transformación. En este contexto, y para evitar la pérdida de legitimidad, audiencias y financiación, se hace necesaria la adaptación de los servicios de audiovisual públicos al entorno digital. Así, la innovación se ha convertido en un aspecto clave de estas organizaciones, permitiendo el desarrollo de nuevos formatos de narración, de representación de la realidad y de nuevas formas de comunicarse en el metaverso. Para conocer el comportamiento y la aceptación de los usuarios de las experiencias inmersivas, se necesita estudiar qué datos se pueden extraer, recopilar y analizar y qué indicadores son necesarios definir para medir la aceptación, la evolución y la tendencia de las nuevas tecnologías en los medios de servicio público y así garantizar la relevancia y continuidad de los servicios de audiovisual público en la era digital.

Palabras clave

Medios de comunicación de Servicio Público (PSM); Experiencias inmersivas, metaverso; medición; indicadores

1. LA TRANSFORMACIÓN DE LOS MEDIOS DE SERVICIO PÚBLICO: INNOVACIÓN COMO ESTRATEGIA CLAVE

El escenario digital ha agudizado la crisis que los medios de comunicación de servicio público (PSM) venían experimentando desde la pérdida de su tradicional hegemonía y monopolio allá por los años 70-80 (López-Golán et al., 2019). En las últimas décadas, los PSM han visto gravemente afectadas tanto su legitimidad social como su capacidad para responder a las demandas del ecosistema digital (Campos-Freire et al., 2020). Esta situación hace que estos medios se enfrenten a una progresiva pérdida de presencia, penetración, financiación y audiencias (López-Golán et al., 2019). Por ello, son muchas las voces que reclaman la reinvención y casi inevitable transformación del servicio público de radiotelevisión (Bustamante, 2015; Tambini, 2015) en un medio de servicio público audiovisual (Iosifidis, 2007; Lowe y Steemers, 2012; Trappel, 2008) adaptado a las especificidades y demandas del ecosistema digital (Flew, 2011; Fuchs, 2014).

Dado el contexto en el que están inmersos los PSM, estas organizaciones necesitan situar la lógica de la innovación en el centro de su estrategia (Cunningham, 2015), como herramienta transversal (Campos-Freire, 2016) para responder a los retos del mercado y redefinir su posición en el escenario digital (Trappel, 2016). La innovación debe entenderse como la adaptación a procesos inexorables en el sector, como los derivados de la convergencia tecnológica, la penetración de las redes sociales, la comunicación móvil, la participación de los usuarios, la integración de las redacciones o, entre otros, la irrupción de la alta tecnología –realidad virtual, inteligencia artificial, etc.– (Horowitz et al., 2022; Wehrle et al., 2022). Una adaptación clave para mejorar el compromiso de estos medios con la universalidad y garantizar la máxima calidad de su oferta audiovisual en el nuevo ecosistema mediático.

La innovación es una de las principales preocupaciones estratégicas de los PSM europeos por tres razones principales (Campos, 2022): la necesidad de competir con nuevos competidores audiovisuales, el refuerzo de su reputación de valor público y la necesidad de mudar sus estructuras. Algunos autores destacan la importancia de abordar la innovación como un instrumento dirigido a intentar cambiar la cultura corporativa, reconectar con las audiencias desenganchadas y renovar los procesos de producción, distribución, comunicación e incluso organización empresarial (López-Golán et al., 2019; Ranaivoson et al., 2013; Zaragoza Fuster y García Avilés, 2020).

Frente a los medios comerciales, que se rigen por el imperativo económico, los PSM pueden asumir un mayor riesgo a la hora de innovar y experimentar con las nuevas tecnologías, contribuyendo incluso a la apertura y desarrollo de nuevos mercados (Rodríguez-Castro et al., 2021). En este sentido, Zaragoza-Fuster y García-Avilés (2020) sostienen que parte de la función social de los PSM "se traduce en la experimentación con las tecnologías y su apuesta por la innovación para garantizar la máxima calidad en sus productos audiovisuales" (p. 47). Con su actuación, contribuyen también a la alfabetización mediática y digital, ya que acercan las nuevas tecnologías a la audiencia, permitiéndole descubrirlas y familiarizarse con ellas, entre otras funciones (Pérez Tornero et al., 2021).

En la era digital, la innovación se ha convertido en un concepto clave en la narrativa del servicio público (Fernández-Quijada et al., 2015; Goodman, 2013), transformándose en un elemento central dentro de las definiciones de valor público propuestas por estas organizaciones. De hecho, es uno de los seis valores fundamentales que la Unión Europea de Radiodifusión (EBU, por sus siglas en inglés) establece para el servicio público audiovisual (EBU, 2012). Junto a la universalidad, independencia, diversidad, excelencia y rendición de cuentas, el valor de la innovación contribuye a reforzar la legitimidad de los PSM, adaptando sus servicios a las exigencias del nuevo contexto –audiencias, tecnologías, nuevas formas de comunicación, participación, etc.– y poniendo en valor y revalorizando su contribución social, con el fin último de empoderar a las sociedades y a las democracias.

1.1. Una aproximación al concepto de innovación

La innovación es un concepto multidimensional. En su definición más simple, la innovación representa la introducción o incorporación de algo nuevo y aún desconocido a un contexto determinado. La primera definición del término se remonta a la década de 1920 y fue propuesta por el economista Joseph Schumpeter (Hansen y Wakonen, 1997), cuyo trabajo, de hecho, ha influido enormemente en las teorías posteriores sobre innovación. Schumpeter (1934) hizo hincapié en el aspecto de la novedad y el cambio, fundamentalmente económico, y desglosó la innovación en cinco tipologías: (1) la introducción de nuevos productos; (2) la aplicación de nuevos métodos de producción; (3) la apertura de un nuevo mercado; (4) el desarrollo de nuevas fuentes de suministro de materias primas u otros productos; (5) y la creación de nuevas estructuras de mercado en una industria. Según el autor, la innovación desde el punto de vista económico puede concebirse como un "proceso de mutación industrial, que revoluciona incesantemente la estructura económica desde dentro, destruyendo incesantemente la antigua, creando incesantemente una nueva" (Schumpeter, 1942, p. 83).

En la literatura académica la innovación suele asociarse a la novedad y al grado de cambio en relación con la organización. Un ejemplo es la definición ofrecida por Moore, Sparrow y Spelman (1997, p. 276): "una innovación es cualquier cambio razonablemente significativo en la forma en que una organización funciona, se administra o define su misión básica". Por su parte, Mulgan y Albury (2003, p. 3) la conciben como "nuevas ideas que funcionan" y señalan que "la innovación con éxito es la creación y aplicación de nuevos procesos, productos, servicios y métodos de prestación que se traducen en mejoras significativas de la eficiencia, la eficacia o la calidad de los resultados". Más adelante, Geoff Mulgan (2007) relaciona la innovación con la creación de valor público:

> "Las ideas tienen que ser, al menos en parte, nuevas (en lugar de mejoras); tienen que ser asumidas (en lugar de limitarse a ser buenas ideas); y tienen que ser útiles. Según esta definición, la innovación se solapa con la creatividad y el espíritu empresarial, pero es diferente de ellos" (Mulgan, 2007, p. 6).

Aplicada a los medios de comunicación, algunos autores plantean la innovación en términos de valor transformador y mejora de los resultados de la empresa:

> "La capacidad de reaccionar ante los cambios en los productos, procesos y servicios mediante el uso de habilidades creativas que permitan identificar

un problema o necesidad y resolverlo a través de una solución que resulte en la introducción de algo nuevo que añada valor a los clientes y a la organización de medios de comunicación" (García-Avilés et al., 2018, p. 31).

Desde la perspectiva del negocio, la innovación se ha vinculado a la respuesta a los cambios del entorno y a la adaptación a un nuevo marco estratégico (Küng 2017).

En concreto, en este capítulo prestamos atención a la innovación tecnológica que, en algunos casos, ha dado paso a nuevas formas de narrar y representar la realidad. Estas, junto con los nuevos medios y las plataformas digitales, permiten a los PSM impulsar iniciativas y proyectos innovadores dirigidos, fundamentalmente, a captar audiencias jóvenes y a satisfacer la creciente demanda de un consumo más experiencial (Campos Freire, 2016). En los próximos apartados se revisará específicamente el uso de tecnologías inmersivas, como la realidad virtual o el vídeo 360 grados, en la producción de contenido periodístico o de no ficción, así como las posibilidades comunicativas que ofrece el metaverso en el marco de los PSM europeos.

2. REALIDAD VIRTUAL Y VÍDEO 360 GRADOS PARA LA PRODUCCIÓN DE CONTENIDOS DE NO FICCIÓN

Sería a mediados de la década de 2010 cuando las tecnologías de realidad virtual y vídeo 360 grados irrumpirían en el mercado de masas. Los medios de comunicación repararon en el potencial de estas tecnologías inmersivas para representar la realidad y, entre finales de 2015 y comienzos de 2016, empezaron a explorar las posibilidades de lo que se presentaba como una emergente e innovadora forma de producir de contenido. Los medios de servicio público, en especial los europeos, no se mantuvieron al margen y, conscientes de las oportunidades que la realidad virtual y el formato esférico abrían para la narración de historias y la experiencia de usuario, comenzaron una suerte carrera de experimentación tecnológica y narrativa. Una apuesta que también responde al compromiso de estas organizaciones con la innovación, uno de los seis valores esenciales que la EBU establece para el servicio audiovisual público en la era digital.

La Unión Europea de Radiodifusión, valorando también el impacto de los medios inmersivos tanto en la producción como en la distribución y el consumo, promovió y fomentó activamente esta experimentación entre sus miembros desde una etapa muy temprana (EBU, 2016). Lo haría fundamentalmente a través de los departamentos Tecnology & Innovation y Media y de la unidad de investigación de mercado Media Intelligence Service (MIS). Por medio de estos tres servicios proporcionaría información sobre la oferta y la audiencia de las tecnologías de realidad virtual, ofrecería formación y asesoramiento, organizaría encuentros y talleres para acelerar la innovación en materia de producción inmersiva, impulsaría una plataforma para compartir y debatir buenas prácticas, o, entre otras acciones, estimularía el intercambio de conocimientos y experiencia entre radiotelevisiones públicas y actores clave de la industria tecnológica. Asimismo, algunas estrategias se han enfocado en maximizar el valor editorial del formato inmersivo, buscando mantener la mayor calidad en la distribución de contenido, especialmente en la cobertura de noticias y eventos deportivos.

El afán de los PSM europeos por explorar las posibilidades de las tecnologías inmersivas podía entenderse en aquel entonces en base a razones como las siguientes (EBU, 2017; Pérez-Seijo, 2021): las oportunidades que ofrecían para acercarse a audiencias diversas y fragmentadas, especialmente aquellas más jóvenes; el compromiso y responsabilidad de los PSM de explorar nuevas opciones, recursos y medios para mejorar y enriquecer las experiencias de los usuarios; la posibilidad de, en términos de alfabetización mediática y digital, aproximar estas tecnologías a todos los públicos; la relevancia de contribuir a la maduración de estas tecnologías y de recopilar información de las audiencias; la diferenciación que aportaba la oferta de contenidos inmersivos, contribuyendo a reforzar posicionamiento de estos PSM frente a los medios comerciales; la dimensión experiencial que introducían en el consumo de contenidos; y las nuevas oportunidades que ofrecían para contar historias.

Con todo, ya en el año 2017 ciertos condicionantes comenzaban a frenar la experimentación en materia de producción inmersiva: la ausencia de flujos de trabajo establecidos, una insuficiente calidad técnica, unos tiempos de visualización cortos, la rápida obsolescencia de la tecnología y evolución del mercado, la carencia de habilidades y herramientas necesarias, los desafíos de la distribución o, incluso, los problemas en cuanto al retorno de la inversión (EBU, 2017). Unas dificultades que, sumadas a la ausencia de un modelo de negocio que permita la monetización de estos contenidos y la imposibilidad de consolidar una audiencia, a partir del año 2019 harían cuestionar finalmente la viabilidad y sostenibilidad del empleo del vídeo 360 grados o de la realidad virtual como recursos viables, al menos a corto-medio plazo, para contar historias periodísticas o de no ficción y, en última instancia, para conectar con los usuarios (Pérez-Seijo, 2021).

Los contenidos inmersivos de no ficción producidos por las radiotelevisiones públicas europeas entre 2015 y 2023, si bien desde 2019 el volumen disponible es minoritario, se caracterizan por ser fundamentalmente vídeos 360 grados de imagen real, de corta duración –condicionados en gran medida por las limitaciones tecnológicas y los hábitos de consumo de los usuarios digitales–, simples en términos de construcción multimedia y pensados para un consumo principalmente desde dispositivos móviles, en lugar de para gafas o visores de realidad virtual. Asimismo, destacan los intentos por aprovechar el valor diferencial y la dimensión experiencial que ofrecen estos formatos para promocionar la cultura y visibilizar la tradición y el folclore (Pérez-Seijo, 2024). A lo largo de estos años son múltiples las iniciativas lanzadas e impulsadas por PSM europeos. Entre estas se encuentra la creación a finales de 2017 del BBC VR Hub, un equipo de investigación multidisciplinar que hasta su cese en 2019 tenía como cometido explorar las posibilidades de la narración inmersiva dentro de la BBC. También destaca la cobertura inmersiva de France Télévisions del Roland Garros en el año 2019 o el proyecto transmedia *Le Goût du Risque* (2016), realizado en colaboración con *Radio Télévision Suisse*. Incluso en España RTVE mostró un gran interés por experimentar con el formato de realidad virtual y vídeo esférico, un esfuerzo que canalizaría a través de su laboratorio de innovación y que resultaría en proyectos como el especial *Vive Río: Heroínas* (2016), centrado en deportistas españolas que participaban en los Juegos Olímpicos de Río, o el reportaje inmersivo *Tras la estela de Elcano: una travesía en 360 grados* (2019).

3. PRIMEROS PASOS EN EL METAVERSO

De la mano de la alta tecnología y de los medios inmersivos, el Metaverso irrumpe en el ecosistema mediático prometiendo una gran transformación en el campo de la comunicación. Detrás de lo que ha sido anunciado como la próxima generación de Internet (Scherer, 2021) están las principales empresas tecnológicas y grupos de medios sociales, como Meta, Unity, Microsoft, Roblox Corporation, Amazon o, entre otras, Google. El Metaverso busca establecerse como un nuevo universo social y comunicativo digital basado en mundos virtuales en los que los usuarios pueden interactuar y participar en actividades diversas –como turísticas, sociales o lúdicas, por ejemplo–. Su potencial se basa en la virtualidad, la inmersión, la realidad extendida, la interactividad y un renovado significado social. Gracias precisamente al empleo de tecnologías inmersivas, el Metaverso pretende ofrecer la posibilidad de disfrutar de experiencias paralelas en mundos virtuales tridimensionales y persistentes.

Aunque se encuentran iniciativas pioneras de mundos virtuales digitales en los años 90 y principios de los 2000, sería la penetración de las gafas de realidad virtual en el mercado de masas en la década de 2010 y la decisión de Mark Zuckerberg en 2021 de cambiar el nombre corporativo de Facebook por Meta, evidenciando un interés por ir más allá de las redes sociales convencionales y explotar las posibilidades de los espacios virtuales, lo que moldearía la concepción actual del Metaverso: "un mundo virtual tridimensional donde los avatares participan en actividades políticas, económicas, sociales y culturales" (Park y Kim,

2022, p. 4211). Esta definición se apoya en la idea contemporánea de que el "yo" *online* y el "yo" *offline* no están disociados.

Algunas radiotelevisiones públicas europeas han comenzado a explorar las posibilidades comunicativas del metaverso. No obstante, la oferta de servicios inmersivos en mundos virtuales todavía es incipiente y de un marcado carácter experimental. France Télévisions ha sido una de las primeras organizaciones en probar las oportunidades de la producción de contenido en mundos virtuales. En 2022, la radiodifusora francesa, a través de sus departamentos de digital y deportes, realizó una serie de experimentos de espacios sociales inmersivos en la plataforma VRChat dedicados al Roland Garros y al programa de actualidad deportiva Stade 2 (Nalpas et al., 2022). Un año después, France Télévisions volvería a testear las oportunidades inmersivas de los metaversos en el Roland Garros. En esta ocasión recurriría a la plataforma Roblox para, en colaboración con socios tecnológicos franceses y extranjeros, recrear partidos de tenis en espacios virtuales mediante tecnologías de captura de movimiento (Nalpas et al., 2023).

Yle también ha explorado el potencial de Roblox para la creación de espacios inmersivos, fundamentalmente enfocados en las audiencias jóvenes e infantiles. Por ejemplo, en 2022 el departamento de innovación de la radiotelevisión finlandesa lanzó un experimento piloto para llevar las celebraciones del Día de la Independencia a la citada plataforma (Porttila, 2024). En la primavera del año siguiente, se puso en marcha otra iniciativa impulsada, en este ocasión, por el departamento de innovación, la unidad de deportes y eventos y la Universidad de Ciencias Aplicadas de Metropolia. El resultado fue una suerte de fiesta de graduación de fin de curso en la que los usuarios podían interactuar, jugar y hasta asistir a conciertos (Grahn, 2023).

La BBC también se sitúa como una de las radiotelevisiones pioneras en la creación de mundos virtuales propios. En concreto, en 2023 la corporación británica anunció la asociación de BBC Studios y Reality+, especialista en Web3, para crear una experiencia de metaverso en The

Sandbox. El objetivo era crear un espacio digital e inmersivo en el que los usuarios pudieran interactuar con contenido de reconocidas marcas de la BBC, como Top Gear o Doctor Who (BBC, 2023).

4. MEDICIÓN DE LAS AUDIENCIAS EN LOS ESPACIOS VIRTUALES

Como hemos visto en los apartados previos, muchas corporaciones han comenzado a crear espacios virtuales propios, lo que conlleva un cambio en la forma de interactuar de los usuarios, pasando esta a darse en un espacio virtual tridimensional. Este proceso de transformación empezó a gestarse con el desarrollo de la web 2.0, abriendo un nuevo diálogo con los servicios de radiotelevisión, de forma que las entidades podían conocer lo que pensaban los ciudadanos mucho más rápido. Sin embargo, no es hasta la aparición de las experiencias inmersivas cuando la interacción se produce casi a tiempo real.

Del mismo modo que se utilizaron instrumentos de medida para hacer mediciones y conocer datos de audiencia, debemos estudiar qué datos podemos extraer y analizar para medir el comportamiento de los usuarios y las experiencias de estos en los espacios virtuales e inmersivos.

4.1. Evolución de la recogida de datos

En un mundo tan dinámico, hay que destacar la importancia de conocer lo que buscan y lo que opinan los usuarios de los espacios virtuales en el menor tiempo posible. Sin duda, estos datos son de vital importancia para los productores de contenido, ya que conocer esta información permite ajustar los contenidos y asignar recursos a unos u a otros proyectos de manera más eficaz y precisa.

La manera de recoger los datos del usuario en los medios públicos de radiodifusión y los indicadores de audiencia han cambiado con el tiempo. Ha sido necesario reformular los sistemas de medición y utilizar nuevas herramientas de medición de audiencias en el entorno convergente, de forma que se combinen las métricas tradicionales con técnicas de big y thick data (Jensen, 2013; Rodríguez-Vázquez, A. I., 2018; Wang, 2013). En un primer momento, para recoger los datos de audiencias se utilizaba el audímetro, que registraba el programa de televisión que se veía en un hogar. El desarrollo de internet y la plataformización de los PSM hizo necesario medir las audiencias digitales, de manera que se pudiera conocer el número de veces que se visita una página o una noticia, el tiempo que los usuarios pasan conectados a la web, el número de *likes*, el volumen de comentarios, etc. A pesar de que la medición de audiencias digitales se debe realizar a partir del desarrollo de la analítica web, el uso de distintos dispositivos para acceder a la información –como el ordenador, la tableta o el teléfono móvil–, así como los cambios constantes en internet y las redes sociales dificultan la recogida de datos. Todo esto hace que no exista un método estandarizado para la medición de audiencias, siendo necesario el uso de varias metodologías que permitan contrastar los resultados obtenidos.

En la actualidad, para medir las reacciones de los usuarios en los espacios virtuales y obtener patrones de comportamiento no solo se miden datos sobre el posicionamiento del usuario en las aplicaciones que proporcionan experiencias inmersivas o en el metaverso –espacios que permiten conocer cómo interactúan los usuarios, la frecuencia con la que lo hacen y las salas en las que pasan mayor parte del tiempo–, sino que también se analizan respuestas emocionales o reacciones corporales de los individuos (véase, por ejemplo: Shin y Biocca, 2018; Sundar et al., 2017; Van Damme et al., 2019).

En este entorno se pueden obtener grandes cantidades de datos que permitan comprender el comportamiento de los usuarios. El desarrollo de algoritmos de inteligencia artificial y técnicas de *machine learning* que permiten analizar gran cantidad de datos, a partir de los cuales se puede conocer cuál ha sido la experiencia del individuo en tiempo real y conocer las interacciones, va a permitir, en base a sus preferencias, adaptar y ofrecer contenidos personalizados que mejorarán la participación en estos espacios. Sin duda, la definición de indicadores y su aplicación posterior pueden ayudar a entender el comportamiento de los usuarios, a identificar tendencias y a mejorar en última instancia su experiencia.

4.2. La importancia de las métricas en los espacios virtuales

Para conocer un poco más el desarrollo de los espacios virtuales y aprovechar al máximo el potencial que ofrecen es necesario recopilar, medir y analizar datos, teniendo en cuenta que en este contexto medir significa asignar una cantidad a una actividad o a una acción, de manera que se pueda comparar con un patrón que se ha establecido previamente. Ahora bien, la idea no es medirlo todo, sino que se deben seleccionar aquellas variables que resulten más adecuadas, que sean más fáciles de obtener y que permitan identificar tendencias, conocer de forma detallada cómo funcionan los espacios virtuales y, a partir de ahí, obtener patrones que ayuden a mejorar.

Es muy importante la fase de obtención de datos, puesto que, si se puede contar con información de calidad, se podrá medir y valorar la realidad que se quiere analizar de forma precisa. A partir de los resultados obtenidos, los responsables de las organizaciones podrán tomar decisiones basadas en datos, en evidencias que mejoren las experiencias e iniciativas puestas en marcha.

Una vez ordenada y sintetizada la información, una manera de obtener una visión general de cómo se comportan los usuarios es mediante la elaboración de indicadores.

4.3. Indicadores como herramienta de medición de la interacción en los espacios virtuales

Una de las cuestiones más importantes a la hora de abordar la medición de las experiencias inmersivas es conocer la satisfacción de los usuarios. Muchos medios de comunicación de servicio público utilizan indicadores para averiguar y comprender la evolución de las audiencias en los distintos formatos en los que emiten. Así, por ejemplo, la BBC utiliza para conocer su estrategia de crecimiento el Net Promoter Score (NPS), un indicador clave de desempeño (KPI) propuesto por Frederick F. Reichheld que, basado en una encuesta de satisfacción, recoge información sobre lo que los clientes opinan de una empresa y si estos la recomendarían a otras personas (Reichheld, 2003). Aunque hay algunos detractores del uso de este indicador, lo cierto es que el empleo de este u otros indicadores es necesario para conocer el estado de la institución, la estrategia que se debe seguir para posicionarse en el mercado y analizar si las actuaciones que se están llevando a cabo son las adecuadas o, por el contrario, se tienen que modificar.

En este sentido, el uso de indicadores permite comunicar y difundir los valores económicos y sociales de las actividades desarrolladas, sirve de ayuda en la gestión de los recursos, en este caso intangibles, y posibilita la identificación, evaluación y medición del impacto de las propuestas puestas en marcha por las organizaciones.

Antes de continuar es preciso matizar que un indicador es un instrumento que muestra o informa de algo, es decir, una característica específica, observable, medible y factible que evidencia o señala los cambios producidos reflejando la distancia que queda hasta el objetivo que se quiere alcanzar y si la dirección es la adecuada. Por tanto, al definir un indicador debe quedar claro qué es lo que se necesita medir y para qué se va a utilizar.

Los KPI – indicadores clave de rendimiento– son herramientas de gestión que aportan información, en su mayoría cuantitativa, sobre los logros que está consiguiendo una organización o un individuo que realiza una actividad fundamental para el éxito actual y futuro de la organización (Badawy et al., 2016; Antunes da Silva y Borsato 2017). La identificación y el uso de indicadores clave de rendimiento permiten a los diferentes grupos de interés o partes interesadas medir el progreso de la organización hacia un objetivo establecido. La selección adecuada de los indicadores es un aspecto importante en los procesos de planificación estratégica de las organizaciones porque dan soporte, influyen en los objetivos estratégicos y desempeñan un papel fundamental en la medición del progreso de la organización hacia la consecución de los propósitos previstos.

Aunque se podría pensar que los KPI son indicadores que sintetizan información sobre acciones que permiten analizar la trayectoria o el éxito de un negocio, lo cierto es que su uso en la medición de las estrategias de los espacios virtuales está más que aceptado. El uso de estos indicadores se deriva de su aplicación en el estudio del impacto de las acciones que se desarrollan en las redes sociales o en las plataformas de los PSM.

Entre los KPI generales que podemos utilizar para determinar cómo medir el impacto de las acciones, cuál ha sido el uso y el grado de aceptación de los espacios virtuales, podemos enumerar los siguientes: la visibilidad, el número de suscriptores, el número de seguidores, el número de usuarios activos, el nivel de interacción entre los usuarios, el tiempo total de uso, la permanencia en los espacios, el posicionamiento en la web o, entre otros, las reacciones sensoriales experimentadas por los usuarios. No obstante, cada medio de comunicación podrá elaborar, en base a sus preferencias y a sus políticas de gestión, indicadores simples o compuestos que complementen la información y ayuden en la toma de decisiones.

Así pues, el desarrollo de técnicas de *Big Data* permite que, una vez se han obtenido los datos y se han elaborado los indicadores, sea posible visualizar la información recogida mediante gráficos, estáticos o dinámicos, y elaborar informes dinámicos, los cuales estarán a disposición de los gestores casi en tiempo real. Así, determinar de forma precisa cuáles son los indicadores adecuados para medir las experiencias inmersivas permitirá conocer la evolución e identificar tendencias, así como establecer ordenaciones de usuarios en función del tiempo que consumen, conocer qué actividades se llevan a cabo o, entre otras opciones, el tipo de salas que visitan. A partir de esta información, los decisores podrán valorar si el uso que se hace de estos espacios está en consonancia con la estrategia planteada por la compañía.

Podemos concluir señalando que la selección adecuada de indicadores y la aplicación de nuevas técnicas permite conocer muchos aspectos de los usuarios, progresar en el desarrollo de nuevos productos y avanzar en la estrategia de la corporación.

5. REFERENCIAS BIBLIOGRÁFICAS

Antunes da Silva, F., y Borsato, M. (2017). Organizational Performance and Indicators: Trends and Opportunities. *Procedia Manufacturing*, 11, 1925–1932.

Badawy, M., Abd El-Aziz, A. A., Idress, A. M., Hefny, H., y Hossam, S. (2016). A survey on exploring key performance indicators. *Future Computing and Informatics Journal*, 1, 47–52.

BBC (2023). BBC Studios and Reality+ take Top Gear and Doctor Who to The Sandbox metaverse. https://www.bbc.co.uk/mediacentre/bbcstudios/2023/bbc-studios-and-reality-plus-take-top-gear-and-doctor-who-to-the-sandbox-metaverse Recuperado el 14 de junio de 2024.

Bustamante, E. (2015). *Europa: Un servicio público multimedia para una nueva era. Diagnóstico y propuestas. Síntesis de trabajos 2009-2015*. Grupo Turín.

Campos-Freire, F. (Coord.) (2016). *Situación actual y tendencias de la radiotelevisión pública en Europa*. FORTA.

Campos, F. (Coord.) (2022). *Estudio sobre la organización de la innovación en los medios audiovisuales públicos autonómicos y europeos*. Santiago de Compostela: Universidade de Santiago de Compostela.

Cunningham, S. (2013). *Hidden innovation: Policy, industry and the creative sector*. University of Queensland Press.

EBU (2012). *Empowering Society. A Declaration on the Core Values of Public Service Media*. European Broadcasting Union.

EBU (2016). *Activity report 2015-2016. Technology & Innovation*. European Broadcasting Union. https://tech.ebu.ch/docs/workplan/web_ActivityReport2015-2016_Technology_Innovation.pdf Recuperado el 14 de junio de 2024.

EBU (2017). Virtual reality: How are public broadcasters using it?. European Broadcasting Union. https://www.ebu.ch/publications/strategic/login_only/report/virtual-reality-how-are-public-broadcasters-using-it Recuperado el 14 de junio de 2024.

Fernández-Quijada, D., Bonet, M., Candel, R. S., y Arboledas, L. (2015). From rhetorics to practice: Implementation of technological innovation within Spanish public service media. *The journal of media innovations*, 2(2), 23-39.

Flew, T. (2011). Rethinking public service media and citizenship: Digital strategies for news and current affairs at Australia's Special Broadcasting Service. *International Journal of Communication*, 5, 215-232.

Fuchs, C. (2014). Social Media and the Public Sphere. triple C: Communication, Capitalism & Critique, 12(1), 57-101. https://doi.org/10.31269/triplec.v12i1.552

García-Avilés, J. A., Carvajal-Prieto, M., De Lara-González, A., y Arias-Robles, F. (2018). Developing an index of media innovation in a national market: The case of Spain. *Journalism Studies*, 19(1), 25-42. https://www.doi.org/10.1080/1461670X.2016.1161496

Goodman, E. P. (2013). "Public service media narratives". En M. E. Price, S. G. Verhulst y L. Morgan (Eds.), *Routledge Handbook of Media Law* (pp. 193-215). Routledge.

Grahn, V. (2023). *Suomen suurimpiin koulujen päättäjäisiin pääsee poistumatta kotoa – "Ei tarvitse noudattaa somen kauneusihanteita", lupaa järjestäjä.* Recuperado de https://yle.fi/aihe/a/20-10004948

Hansen, S. O. y Wakonen, J. (1997). Innovation, a winning solution'. International *Journal of Technology Management*, 13, 345–58.

Horowitz, M., Milosavljević, M., y Van den Bulck, H. (2022). "The Use of Artificial Intelligence by Public Service Media: Between Advantages and Threats". En C. El Morr (Ed.), *AI and Society* (pp. 127-140). Chapman and Hall/CRC.

Iosifidis, P. (2007). *Public television in the digital era: Technological challenges and new strategies for Europe*. Basingstoke: Palgrave Macmillan.

Jensen, K. B. (2013). "Audiences, audiences everywhere—measured, interpreted and imagined". En Audience Research Methodologies (pp. 227-239). Routledge.

Küng, L. (2017). *Strategic Management in the Media. Theory to Practice*. Sage.

López-Golán, M., Rodríguez-Castro, M., y Campos-Freire, F. (2019). La innovación de las radiotelevisiones públicas europeas en la comunicación digital y las comunidades de usuarios. *Cuadernos.info*, (45), 241-255. https://doi.org/10.7764/cdi.45.1350

Lowe, G. F., y Steemers, J. (Eds.). (2012). *Regaining the initiative for public service media*. Nordicom.

Miguel de Bustos, J. C., y Casado del Río, M. A. (2016). Google, Apple, Facebook y Amazon. Emergencia de los GAFA y cambios en el sistema comunicativo global (Google, Apple, Facebook and Amazon. Emergency of GAFA and changes in the global communication system). *Revista Telos, 104*, 38-48. https://telos.fundaciontelefonica.com/archivo/numero104/

Moore, M. H., Sparrow, M., y Spelman, W. (1997). "Innovations in policing: From production lines to job shops". En A. Altshuler y R. D. Behn (Eds.), *Innovation in American government: Challenges, opportunities, and dilemmas* (pp. 274-298). Brookings.

Mulgan, G. (2007). *Ready or not? Taking Innovation in the Public Sector Seriously*. NESTA. https://media.nesta.org.uk/documents/ready_or_not.pdf Recuperado el 14 de junio de 2024.

Mulgan, G., y Albury, D. (2003). Innovation in the public sector. *Strategy Unit, Cabinet Office, 1*(1), 40.

Nalpas, V., Chevreux, J.P., y Poirier, Y.M. (2022). *France Televisions sets up the Stade 2 Immersive Social Space at Roland Garros*. https://www.francetvlab.fr/en/posts/france-televisions-sets-up-the-stade-2-immersive-social-space-at-roland-garros Recuperado el 14 de junio de 2024.

Nalpas, V., Chevreux, J.P., y Poirier, Y.M. (2023). *At Roland Garros, France Télévisions explores immersive tennis*. https://www.francetvlab.fr/en/posts/at-roland-garros-france-televisions-explores-immersive-tennis Recuperado el 14 de junio de 2024.

Park, S.-M., & Kim, Y.-G. (2022). A metaverse: Taxonomy, components, applications, and open challenges. In IEEE Access, 10, 4209–4251. doi: 10.1109/ACCESS.2021.3140175.

Pérez Tornero, J. M., Grizzle, A., Pulido, C. M. y Tayie, S. S. (2021). "The Challenge of Media and Information Literacy for Public Service Media". En M. Túñez-López, F. Campos-Freire y M. Rodríguez-Castro (Eds.), The Values of Public Service Media in the Internet Society (pp. 247-273). Palgrave Macmillan. https://doi.org/10.1007/978-3-030-56466-7_13

Pérez-Seijo, S. (2021). *Periodismo inmersivo con vídeo 360 grados: evolución, experiencia de usuario y producción de las radiotelevisiones públicas europeas* [Tesis doctoral]. Universidade de Santiago de Compostela.

Pérez-Seijo, S. (2024). Auge y declive del vídeo 360 grados: evolución y características de la producción inmersiva en los medios de servicio público europeos (2015-2023) [Rise and fall of 360 degree video: evolution and features of immersive content production in European public service media (2015-2023)]. Revista Mediterránea de Comunicación/Mediterranean Journal of Communication, 15(2), e26910. https://www.doi.org/10.14198/MEDCOM.26910

Porttila, R. (2024). *Juhlat metaversumissa – Ylen bileissä jo yli 100 000 vierailua.* https://yle.fi/aihe/a/20-10006256 Recuperado el 14 de junio de 2024.

Ranaivoson, H., Farchy, J., y Gansemer, M. (2013). Differentiated strategies for digital innovation on television: Traditional channels vs. new entrants. *Observatorio (OBS*) Journal, 7*(4), 23-44. https://doi.org/10.15847/obs-OBS742013659

Reichheld, F. F. (2003). "The One number you need to grow". *Harvard Business Review*, 11.

Rodríguez-Castro, M., Noonan, C. y Ramsey, P. (2021). "Public Service Media Interventions: Risk and the Market". En M. Túñez-López, F. Campos-Freire y M. Rodríguez-Castro (Eds.), *The Values of Public Service Media in the Internet Society* (pp. 173-191). Palgrave Macmillan.

Rodríguez-Vázquez, A. I., Direito-Rebollal, S., & Silva-Rodríguez, A. (2018). *Audiencias crossmedia: nuevas métricas y perfiles profesionales en los medios españoles.* Profesional de la información/Information Professional, 27(4), 793-800.

Scherer, E. (2021). Le prochain Internet. In: Bremme, K. (Ed.), *Métavers et Métamedias. Un 3e chapitre d'Internet.* France TV. https://www.meta-media.fr/wp-content/uploads/sites/33/2021/12/METAMEDIA-20.pdf

Schumpeter, J. (1934), *The Theory of Economic Development.* Harvard University Press.

Schumpeter, J.A. (1942). *Capitalism, Socialism and Democracy.* Harper Torchbooks.

Shin, D., y Biocca, F. (2018). Exploring immersive experience in journalism. *New Media & Society*, 20(8), 2800-2823. https://doi.org/10.1177/1461444817733133

Sundar, S. S., Kang, J., y Oprean, D. (2017). Being there in the midst of the story: How immersive journalism affects our perceptions and cognitions. *Cyberpsychology, Behavior, and Social Networking*, 20(11), 672-682. https://doi.org/10.1089/cyber.2017.0271

Tambini, D. (2015). Five Theses on Public Media and Digitization: From a 56-Country Study. *International Journal of Comunication,* 9(2015), 1400-1424.

Trappel, J. (2008). Online media within the public service realm? Reasons to include online into the public service mission. Convergence: International Journal of Research into New Media Technologies, 14(3), 313–322.

Trappel, J. (2016). Taking the public service remit forward across the digital boundary. *International journal of digital television*, 7(3), 273-295. https://doi.org/10.1386/jdtv.7.3.273_1

Van Damme, K., All, A., De Marez, L., y Van Leuven, S. (2019). 360 video journalism: experimental study on the effect of immersion on news experience and distant suffering. *Journalism Studies*, 20(14), 2053-2076. https://doi.org/10.1080/1461670X.2018.1561208

Wang, Tricia (2013). *"Big data needs thick data".* Ethnography matters, May 13. http://ethnographymatters.net/blog/2013/05/13/big-dataneeds-thick-data

Wehrle, M., Birkel, H., Heiko, A., y Hartmann, E. (2022). The impact of digitalization on the future of the PSM function managing purchasing and innovation in new product development–Evidence from a Delphi study. *Journal of Purchasing and Supply Management*, 28(2), 100732. https://doi.org/10.1016/j.pursup.2021.100732

Zaragoza Fuster M. T., y García Avilés, J. A. (2020). The role of innovation labs in advancing the relevance of Public Service Media: the cases of BBC News Labs and RTVE Lab. *Communication & Society, 33*(1), 45-61. https://doi.org/10.15581/003.33.1.45-61

Hacia una comunicación automatizada: Retos, oportunidades y riesgos de la IA para los medios de servicio público

César Fieiras Ceide, Isaac Maroto González y Miguel Túñez López

Universidade de Santiago de Compostela

Resumen: la inteligencia artificial, especialmente en su versión generativa, comienza a asentarse como una prioridad en las estrategias de innovación y renovación tecnológica de los medios de comunicación de servicio público del ámbito global. Las prestaciones automatizadas que provienen de los prototipos de IA están expendiéndose a todas las fases del newsmaking, optimizando la mayor parte de las tareas periodísticas, recortando los plazos de ejecución y mejorando el resultado final de las operaciones informativas. No obstante, los riesgos de su implementación y los desafíos para la correcta adopción e integración de los sistemas ralentizan frecuentemente su uso en los medios, por lo que la ética artificial y la determinación de directrices internas en las corporaciones y de normativa internacional que regule esta tecnología será fundamental para su aterrizaje seguro y definitivo. En este capítulo de libro se profundiza en las diferentes perspectivas relacionadas con la IA en el sector de la comunicación para tratar de ofrecer una radiografía completa del estado de esta tecnología en las principales emisoras de radiotelevisión pública de Europa.

Palabras clave: Medios de Servicio Público; PSM; IA; Automatización; Ética artificial

1. OPORTUNIDADES DE LA INTELIGENCIA ARTIFICIAL EN EL PSM

La rápida ascensión de la inteligencia artificial (IA) como un pilar fundamental del progreso tecnológico ha alcanzado un estado prominente en diversos sectores, incluyendo la industria mediática y sus subsectores. Los medios de servicio público (PSM) se encuentran en una posición singular dentro de este panorama en constante evolución, y medida que la IA evoluciona a pasos agigantados, especialmente con la aparición de la IA generativa avanzada, se consolidan cada vez más argumentos sólidos a favor de la integración de la IA en los servicios de PSM. Esta vertiente de la IA permite el desarrollo de sistemas capaces de generar contenido original y coherente basado en su entrenamiento y aportaciones, por lo que se identifica un comportamiento optimizado de forma diaria.

La IA, particularmente en su variante generativa, ha demostrado habilidades sin precedentes para crear contenido cada vez más complejo y humano. Esto abarca desde la generación de texto e imágenes hasta la producción de música y experiencias mediáticas interactivas adaptadas a las preferencias individuales. Estas capacidades convierten a la IA en una herramienta poderosa para la personalización, un servicio altamente demandado en la era digital y con variados beneficios para los medios de comunicación que la European Broadcasting Union (EBU) concretó en 2019 (Tabla 1).

Tabla 1. Beneficios de la aplicación de la IA en los medios de comunicación.

Detectar tendencias en las redes sociales
Obtener sugerencias de tendencias
Obtener enfoques de historias, imágenes y personas sugeridas a través de una búsqueda online
Comprobación de hechos
Verificar fotos y vídeos falsos
Limpieza y filtrado de datos
Creación de chatbots
Comprobar las falsificaciones profundas
Encontrar direcciones de correo electrónico conectadas a sitios web

Asistencia de IA en la edición de vídeo
Edición automática de audio
Automatización de los flujos de trabajo
Análisis predictivo para generar ingresos y aumentar la satisfacción del cliente
Descubrir bots en las redes sociales
Transcripción de audio
Crear historias a partir de datos estructurados
Traducción automática de textos
Corrección automática de textos

Fuente: Unión Europea de Radiodifusión (2019).

El uso de la IA puede, y de hecho está, mejorando de manera significativa la eficiencia operativa de los PSM. A través de la automatización de tareas rutinarias, el análisis de grandes volúmenes de datos para extraer información valiosa, la optimización de la distribución de contenido e incluso el apoyo al proceso creativo, la IA permite generar ahorros de costos y asignar recursos adicionales a la creación e innovación de contenido de calidad (Fieiras, Vaz Túñez, 2022).

Otro aspecto fundamental radica en el entorno competitivo. Las entidades mediáticas comerciales están adoptando rápidamente tecnologías de IA para obtener una ventaja diferencial. Utilizan la IA para la publicidad dirigida, el análisis de audiencia, la recomendación de contenido y la creación de experiencias de usuario personalizadas y atractivas (LSE, 2023). La falta de interacción de los PSM con la IA podría conducir a la percepción de obsolescencia o al desarrollo de soluciones de menor calidad, lo que podría no ser relevante para una audiencia cada vez más habituada a servicios mejorados con IA proporcionados por actores comerciales (Fieiras, Túñez, Vaz, 2023).

La integración de la inteligencia artificial (IA) en los medios de comunicación públicos europeos ha sido objeto de análisis y consideración por parte de la Unión Europea de Radiodifusión (EBU) en 2023. En este sentido, se identifican diversas razones que sustentan la adopción de esta tecnología:

1. La reducción de costos mediante la optimización de los flujos de trabajo constituye un objetivo económico fundamental. La automatización y la eficiencia mejorada permiten a los medios públicos asignar recursos de manera más eficaz, maximizando el valor generado con los recursos disponibles.

2. La adaptación del contenido a las preferencias de la audiencia emerge como un factor determinante en la búsqueda de una mayor conectividad con el público. Al utilizar la IA para comprender y anticipar las demandas del espectador, los medios de comunicación pueden ofrecer experiencias más personalizadas y atractivas.

3. Exploración de nuevas expresiones creativas. Esta tecnología brinda oportunidades para experimentar con formas innovadoras de narración y producción de contenido, enriqueciendo así la oferta mediática.

4. La automatización de tareas repetitivas y serviles. Al liberar a los colaboradores de estas labores, se fomenta una asignación de recursos más eficiente y se potencia la capacidad del equipo humano para abordar tareas de mayor complejidad y valor añadido.

5. La capacidad de la IA para resolver problemas que escapan a la eficacia del trabajo humano. Esta tecnología puede abordar desafíos complejos que requieren análisis de grandes volúmenes de datos o procesamiento computacional intensivo, proporcionando soluciones eficientes y efectivas.

6. El mejoramiento de la exactitud, calidad y/o valor de producción del contenido. La IA puede contribuir a mejorar la calidad editorial, la precisión de la información y la presentación visual del contenido, elevando así el estándar general de producción.

7. La ampliación del alcance de la audiencia. Al hacer que el contenido sea más accesible, se facilita su consumo por parte de una variedad de espectadores, lo que contribuye a fortalecer la misión de servicio público de los medios de comunicación.

8. La promoción de la cultura nacional. Esta tecnología puede utilizarse para preservar y difundir el patrimonio cultural, lingüístico y artístico de un país, fortaleciendo así su identidad cultural.

9. La cobertura de la escasez de personal. Esta tecnología puede utilizarse para compensar la falta de recursos humanos, garantizando la continuidad y la eficacia de las operaciones mediáticas en situaciones de limitación de personal.

Estos motivos reflejan la importancia creciente de la IA como una herramienta estratégica en la evolución y el desarrollo de los medios de comunicación en el contexto actual. La integración de la inteligencia artificial en los medios de comunicación públicos europeos se justifica por una variedad de razones que abarcan desde la optimización de recursos hasta la mejora de la calidad y la expansión del alcance del contenido ofrecido.

Los medios de servicio público (PSM) tienen el deber de educar, informar y entretener al público, y la inteligencia artificial (IA) puede facilitar este cometido al potencialmente permitir informes de noticias más precisos y diversos, contenido educativo adaptado a estilos de aprendizaje individuales y entretenimiento adaptable a los matices culturales de una amplia audiencia.

Además, los PSM tienen la responsabilidad de innovar y están bien posicionados para hacerlo, como argumentan Donders, Raats y Tintel (2020). Sus afirmaciones se sustentan en cuatro razones principales:

1. Los PSM tienen una trayectoria de innovación respaldada por el principio de universalidad, el cual les confiere la responsabilidad de distribuir servicios a todos los públicos, lo que conlleva a menudo importantes avances tecnológicos e inversiones.

2. La innovación es altamente contextual y los PSM, profundamente arraigados en los tejidos históricos, políticos, económicos, sociales y culturales de los estados nacionales, están mejor situados que los conglomerados internacionales para liderarla.

3. Las emisoras públicas disponen de presupuestos relativamente estables, lo que les permite abordar los riesgos asociados con la inversión en innovación de manera más efectiva.

4. Dado que las emisoras públicas deben priorizar el interés público sobre el desarrollo del mercado, el desempeño financiero o la eficiencia, están en la posición idónea para considerar factores como la calidad, la diversidad y el acceso en el desarrollo de innovaciones tecnológicas.

Siguiendo estas premisas, al interactuar con la IA los PSM pueden desempeñar un papel fundamental en la configuración del uso ético de esta tecnología en los medios europeos. Dada su misión de servicio público, las organizaciones de PSM están bien posicionadas para establecer estándares para el uso responsable de la IA, garantizando que estas poderosas capacidades se aprovechen para el bien público, prestando atención a la privacidad, la equidad y la transparencia. Al mismo tiempo, se espera que sean más precisos en el desarrollo de tecnología ad hoc que aborde sus necesidades particulares y las demandas de su propia audiencia.

2. INTEGRACIÓN DE LOS VALORES PSM EN PROTOTIPOS AUTOMATIZADOS

El potencial de la IA para mejorar los servicios de los Medios de Servicio Público (PSM) radica en su capacidad para fomentar la diversidad, la universalidad, la accesibilidad, la calidad, la transparencia y la confianza. Por ejemplo, mediante el uso de IA, se puede personalizar el contenido para hacerlo más relevante y atractivo para diversas audiencias. La universalidad podría ser potenciada a través de algoritmos de IA que garanticen una amplia cobertura de temas y perspectivas. Herramientas impulsadas por IA podrían mejorar la accesibilidad al proporcionar subtítulos automáticos o traducciones de contenido. Asimismo, la calidad del contenido podría ser optimizada utilizando IA para mejorar los estándares de producción o seleccionar material de alta calidad. Para abordar la transparencia, es esencial que los algoritmos de IA sean auditables y comprensibles, y se requiere asegurar que sean imparciales y libres de sesgos (Fieiras, Túñez Vaz, 2022).

Diferentes proyectos prometedores en el ámbito europeo están impulsando la accesibilidad e introduciéndola como su eje central operativo. Uno de ellos es EuroVOX, desarrollado por la Unión Europea de Radiodifusión (UER), que facilita la transcripción y traducción para las emisoras. EuroVOX consta de dos componentes principales: EuroVOX Core, una API que se integra con los sistemas de producción existentes para contenido basado en archivos y en streaming, y la herramienta EuroVOX, una interfaz web para la transcripción automatizada y traducción de contenido. Esta herramienta, parte del proyecto 'A European Perspective' de la EBU, busca promover la comprensión de los problemas locales y globales entre los ciudadanos europeos.

Un proyecto notable implementado por Yle, utilizando EuroVOX de la EBU, fue la creación de un servicio de noticias completo en ucraniano llamado Yle. Novyny, diseñado para proporcionar información esencial en el idioma nativo de los refugiados ucranianos en Finlandia.

En cuanto a la personalización de contenidos, PEACH (Personalization for Each) es el proyecto más relevante en Europa. Desarrollado por la EBU, busca ofrecer un sistema de personalización completo y accesible para PSM. Varios PSM en Europa, como ARD, BR y Deutschlandradio de Alemania; RTÉ y TG4 de Irlanda; Utbildningsradion (UR) y Sveriges Radio de Suecia; RTP de Portugal y LRT de Lituania, ya están utilizando este proyecto. Según los estudios de los investigadores Sørensen y Hutchinson (2019), PEACH se alinea con los valores del servicio público al equilibrar el alcance y la distinción, promover la diversidad y la transparencia, y centrarse en la independencia editorial y las preocupaciones de integración.

3. USOS E IMPLEMENTACIÓN DE LA IA EN EL PSM

Las corporaciones de servicio público anticipan incorporar soluciones de IA en áreas clave como la producción de contenido técnico, la generación de ideas y la verificación de contenidos. Según Fieiras, Vaz y Túñez (2022), estas aplicaciones se resumen en cuatro dominios:

1. Producción: incluye la producción de noticias, la automatización de la producción y la gestión de metadatos.

2. Gestión de contenidos: abarca la administración de archivos y las recomendaciones de contenido.

3. Verificación.

4. Ampliación de servicios: contempla la traducción automática de contenidos y el subtitulado automático para personas con discapacidad auditiva.

La variabilidad del software utilizado entre los PSM europeos refuerza la idea de que la IA es una tecnología ad hoc que requiere configuraciones personalizadas en cada contexto, similar al uso de tecnologías administrativas en la radiodifusión (Fieiras, Vaz, Túñez, 2023).

En cuanto a la IA generativa, se encuentra en una fase inicial de experimentación, con la mayoría de los PSM permitiendo a sus empleados utilizarla dentro de ciertos límites establecidos por cada entidad. La verificación de contenido es otra área donde la IA está teniendo un impacto significativo en el PSM. Un ejemplo es el proyecto vera.ai, una iniciativa financiada por la UE que emplea a diversos profesionales para analizar la desinformación y facilitar la verificación de contenidos mediante herramientas avanzadas (EBU, 2023)

La principal motivación detrás de la aplicación de IA en los flujos de trabajo de los PSM es liberar al personal de tareas monótonas y hacer más accesible su oferta de contenidos. Aunque la transparencia y el control humano son consideraciones fundamentales al implementar la IA, solo un 30% de las corporaciones europeas encuestadas por la EBU (2023) menciona sistemáticamente su uso una vez que se ha incorporado al proceso de creación de contenidos.

4. DESAFÍOS CON RESPECTO A LA IA

La integración de la inteligencia artificial en los medios de servicio público (PSM) presenta una serie de desafíos significativos. Desde preocupaciones sobre la seguridad de los datos hasta la reticencia del personal a adoptar nuevas tecnologías, estos obstáculos reflejan la complejidad de incorporar la IA en las organizaciones PSM. A continuación, se presentan los principales desafíos que enfrentan las organizaciones PSM en su esfuerzo por integrar la IA y los enfoques para abordarlos de manera efectiva.

Capacitación en IA y alfabetización en IA. Es esencial proporcionar capacitación en inteligencia artificial al personal para prevenir los riesgos asociados con el uso de estas tecnologías, tanto para los profesionales de las corporaciones como para el público en general.

Desarrollo de políticas internas sobre el uso de IA. La elaboración de políticas internas para el personal sobre cómo utilizar las herramientas de IA en el lugar de trabajo es fundamental para una implementación eficaz y ética de estas tecnologías.

Reticencia del personal y adopción de nuevas tecnologías. La resistencia del personal a adoptar nuevas tecnologías y hábitos representa otro desafío importante que enfrentan las organizaciones PSM.

Establecimiento de principios responsables y éticos. D e - terminar cómo se utilizará la IA en cada corporación garantizaría un entorno seguro y una relación cómoda con estas tecnologías. Esto incluye tomar decisiones importantes, como permitir que los modelos de la corporación accedan a los datos y definir los objetivos centrales al implementar soluciones de IA para tareas específicas.

Estructura y gobierno interno de IA. Es necesario desarrollar e implementar una estructura y gobierno internos para la IA, lo que implica la creación de nuevos equipos multidisciplinarios, redes intercorporativas y un flujo de trabajo de gobernanza definido.

Falta de habilidades y dificultad para contratar personal competente. La falta de habilidades y la dificultad para contratar colaboradores competentes representan un desafío importante para las organizaciones PSM, ya que el costo de adquirir profesionales capacitados en IA a menudo es demasiado alto y supera la escala salarial fijada para los servidores públicos.

Seguridad de los datos. La salvaguardia de grandes conjuntos de datos del público implica una significativa inversión en sistemas de ciberseguridad. Esta tarea conlleva la integración de nuevos sistemas de seguridad, la contratación de personal especializado y la asignación de recursos para el desarrollo de directrices, protocolos de vigilancia y posibles investigaciones legales.

La calidad y precisión de los sistemas son limitados. Las actuales herramientas disponibles carecen de la precisión y calidad necesarias para suplantar a los humanos, y los costos asociados son prohibitivamente elevados. Por ende, se hace evidente que los PSM deben diseñar nuevas estrategias para la integración efectiva de la Inteligencia Artificial (IA) en sus operaciones. Idealmente, estas estrategias contemplarían la creación de equipos experimentales dedicados a la exploración constante de nuevas herramientas y enfoques, garantizando así una capacitación y conceptualización adecuadas para su eventual implementación en los procesos de producción.

En consecuencia, los PSM europeos están progresivamente adaptándose a marcos innovadores que facilitan una planificación más eficaz de la innovación, como los Tres Horizontes de Crecimiento concebidos por los consultores de McKinsey Mehrdad Baghai, Stephen Coley y David White en su obra de 1999 "La Alquimia del Crecimiento". Este marco, actualmente empleado por la NPO holandesa y la YLE finlandesa, constituye un modelo estratégico utilizado para orientar el pensamiento hacia el crecimiento y la innovación futuros. Su metodología implica la clasificación de las iniciativas en tres "horizontes" distintos, según su nivel de madurez actual y su potencial futuro:

Horizonte 1 (H1): Este horizonte se enfoca en el núcleo del negocio y busca mejorar el desempeño de los productos/servicios existentes para generar ingresos constantes y progresivos. Se trata típicamente de iniciativas de bajo riesgo destinadas a optimizar y expandir el modelo de negocio preexistente.

Horizonte 2 (H2): Aquí se incluyen las oportunidades o proyectos emergentes con un considerable potencial de crecimiento. Estas iniciativas suelen encontrarse en etapas piloto o iniciales de desarrollo, requiriendo una inversión significativa. Pueden abarcar nuevos mercados, tecnologías emergentes o modelos de negocio novedosos, aunque aún carecen de madurez y estabilidad.

Horizonte 3 (H3): Este horizonte alberga ideas para el crecimiento futuro, como modelos de negocio o tecnologías radicalmente innovadoras. Estas iniciativas representan proyectos a largo plazo caracterizados por una gran incertidumbre pero también por un considerable potencial de crecimiento. Su desarrollo implica una inversión importante en investigación y desarrollo.

La aplicación del modelo de los Tres Horizontes a las estrategias de inteligencia artificial (IA) en los medios de servicio público europeos nos permite categorizar varias iniciativas de la siguiente manera:

Horizonte 1: Enfoque en mejorar los servicios actuales de radiodifusión y medios mediante el uso de IA para aumentar la eficiencia y mejorar la experiencia del cliente. Esto implica la implementación de mejoras incrementales, como la automatización de la categorización de contenido en bibliotecas multimedia, la personalización de recomendaciones de contenido y la optimización de la asignación de recursos basada en análisis predictivos.

Horizonte 2: Orientación hacia el desarrollo de nuevos productos o servicios impulsados por IA que no forman parte de la oferta principal actual pero que tienen un potencial impacto significativo. Ejemplos incluyen el desarrollo de plataformas de noticias interactivas adaptadas a las interacciones del usuario, la creación de servicios de inteligencia artificial activados por voz para noticias y contenido multimedia, y el uso de herramientas de IA en el periodismo de investigación para analizar grandes conjuntos de datos y descubrir patrones.

Horizonte 3: Exploración de nuevos usos de la IA que podrían redefinir el papel de los medios de servicio público, como la creación de experiencias mediáticas interactivas e inmersivas, la generación de contenido creativo por IA y el uso de IA para promover un discurso público saludable y mitigar la desinformación.

Cada horizonte representa un enfoque distinto hacia la adopción e integración de la IA, con el Horizonte 1 centrado en mejoras inmediatas, el Horizonte 2 en el desarrollo de nuevas capacidades y la exploración de nuevos mercados, y el Horizonte 3 en la innovación transformadora a largo plazo.

5. RIESGOS ASOCIADOS A LA IMPLEMENTACIÓN DE LA IA

El avance acelerado de la inteligencia artificial (IA) está logrando una difusión significativa entre el público general. Aunque los desarrollos futuros aún están en proceso y los expertos no pueden determinar con precisión el tiempo que estos tomarán, existe una creciente inquietud sobre los posibles efectos adversos del uso intensivo de la IA en múltiples sectores.

En el ámbito de los recursos humanos, por ejemplo, el sistema de reclutamiento de Amazon, entrenado principalmente con currículos de hombres, comenzó a excluir aquellos provenientes de instituciones y organizaciones femeninas (Macciola, 2019). Además, se ha descubierto que las búsquedas en Internet presentan sesgos preocupantes, como lo demostró un profesor de UCLA al encontrar que las búsquedas de "mujeres negras" devolvían resultados pornográficos, mientras que las búsquedas de "CEO" mostraban predominantemente hombres blancos. Los anuncios de empleo en Google AdWords también han mostrado sesgos de género significativos.

La industria de la IA está tomando medidas para autorregularse, y los formuladores de políticas están trabajando en abordar las implicaciones económicas, sociales y éticas de la IA, un proceso que inevitablemente llevará tiempo. En este contexto, las empresas que buscan aprovechar el potencial de la IA deben desarrollar sus propias políticas para su implementación responsable, y las organizaciones de medios de comunicación no son una excepción. Según el último informe de la EBU sobre IA, se identifican varios riesgos importantes (EBU, 2023):

Seguridad de datos. La protección de datos frente a accesos no autorizados, infracciones y robos es una preocupación clave. Los sistemas de IA requieren grandes volúmenes de datos, a menudo incluyendo información personal sensible. Las organizaciones podrían enfrentar filtraciones que expongan fuentes confidenciales, contenido no publicado o datos personales de los suscriptores. Esto implica que el desarrollo de sistemas de IA en los medios públicos necesita una inversión sustancial en sistemas de protección de datos, como aquellos basados en blockchain. Algunas corporaciones, preocupadas por la seguridad, son reticentes a ocultar datos debido a su incapacidad para garantizar la protección adecuada.

Creación artificial (IA Generativa). La IA generativa se refiere a algoritmos capaces de producir contenido nuevo—texto, imágenes, videos o música—que imita el contenido creado por humanos. Este tipo de IA puede generar deepfakes, voces sintéticas y periodismo automatizado. En el sector mediático, el uso de IA generativa puede llevar a la creación de noticias falsas o videos deepfake que son prácticamente indistinguibles de las transmisiones auténticas, lo que podría facilitar la difusión de desinformación.

Transparencia de información y fuentes. Los sistemas de IA pueden dificultar la identificación del origen de la información, complicando la evaluación de la credibilidad y el sesgo del contenido. Por ejemplo, un artículo de noticias generado por IA podría carecer de una atribución clara, lo que dificultaría a los lectores discernir la fiabilidad de la información. Actualmente, la mayoría de los usuarios de Internet de entre 16 y 64 años sospechan que interactúan con contenido producido por IA, pero solo el 21% se siente muy o extremadamente seguro de su evaluación. Además, más de una cuarta parte de estos usuarios no están seguros de si han encontrado contenido generado por IA, lo que subraya la necesidad urgente de educar a las personas para que puedan diferenciar entre contenido creado por humanos y por IA.

Riesgo catastrófico. El riesgo catastrófico se refiere a los peores escenarios en los que la IA podría causar daños a gran escala debido a fallos, uso indebido o intervención de entidades hostiles. Un ejemplo extremo sería una IA que controle los sistemas de radiodifusión y sea secuestrada para difundir pánico o propaganda masiva.

Competencia y propiedad masiva de datos. La posibilidad de que unas pocas grandes corporaciones monopolicen el desarrollo de la IA debido a sus vastos recursos y acceso a datos es una preocupación importante. Este dominio podría restringir la competencia y la innovación en el campo. Las empresas de medios con capacidades avanzadas en IA podrían dominar el mercado, expulsando a competidores más pequeños que no poseen los recursos necesarios para competir en la creación de contenido personalizado y la orientación publicitaria.

Derechos de autor y cuestiones legales. El contenido generado por IA plantea serias dudas sobre los derechos de propiedad intelectual y la legalidad del uso de IA para replicar material protegido por derechos de autor. La creación de música o arte por parte de IA podría infringir derechos de autor existentes, provocando disputas legales y desafíos para los creadores de contenido. Un ejemplo reciente es la demanda presentada por The New York Times contra OpenAI y Microsoft en diciembre de 2023, alegando que se utilizó contenido protegido por derechos de autor del periódico sin permiso para entrenar chatbots de IA (Scott, 2023). Este caso marca la primera vez que un importante medio estadounidense emprende acciones legales por el uso de su contenido en el entrenamiento de modelos de IA generativa.

Desigualdades. La IA tiene el potencial de exacerbar las desigualdades sociales, económicas y digitales. Esto puede manifestarse en despidos laborales o sesgos contra ciertos grupos si los datos de capacitación no son representativos. Las recomendaciones algorítmicas que priorizan el contenido de ciertos grupos demográficos pueden marginar a los grupos subrepresentados, lo que resulta en una menor diversidad en la representación mediática.

Sostenibilidad. El impacto ambiental de la IA es otra preocupación considerable, ya que el entrenamiento de modelos grandes requiere una cantidad significativa de poder computacional y energía, contribuyendo así a las emisiones de carbono. Los centros de datos necesarios para ejecutar algoritmos de IA para la recomendación de contenido y la segmentación de anuncios pueden tener una huella de carbono considerable. En esta línea la Comisión Europea con su reciente Ley de Inteligencia Artificial categoriza los sistemas de IA en tres niveles de riesgo:

> **Riesgo inaceptable.** Los sistemas de IA que representen una amenaza para la seguridad o las libertades serán prohibidos. Esto incluye aquellos que manipulan el comportamiento, especialmente los dirigidos a grupos vulnerables, los que realizan puntuaciones sociales o permiten la identificación biométrica en tiempo real.
>
> **Alto riesgo:** Los sistemas de IA que podrían impactar negativamente en la seguridad o los derechos fundamentales. Estos se subdividen en:
>
> ○ IA utilizada en productos de seguridad regulados por la UE: Incluye productos como juguetes, aviación, entre otros.
>
> ○ IA en ocho áreas específicas: Identificación biométrica, infraestructura crítica, educación, empleo, servicios esenciales, aplicación de la ley, migración y asistencia jurídica. Estos sistemas deben registrarse en una base de datos de la UE y ser evaluados antes de su lanzamiento al mercado, así como de manera continua durante su ciclo de vida.
>
> **Riesgo limitado:** Los sistemas de IA en esta categoría deben cumplir con requisitos mínimos de transparencia para que los usuarios puedan tomar decisiones informadas. Esto in-

cluye sistemas que crean o manipulan contenido, como los deepfakes.

Bajo riesgo: Los sistemas de IA que no requieren obligaciones legales adicionales.

Además, la ley especifica que la IA generativa, como ChatGPT, debe adherirse a reglas de transparencia, evitar la generación de contenido ilegal y publicar resúmenes de los datos protegidos por derechos de autor utilizados en su capacitación, y es posible apuntar que actualmente, los modelos básicos de IA no cumplen completamente con esta Ley, para lo que los desarrolladores disponen de un periodo de dos años, hasta 2026, para adaptarse a estas directrices.

6. ÉTICA ARTIFICIAL EN EL PSM

La ética aplicada al desarrollo y gestión de sistemas de inteligencia artificial (IA) debe ser coherente con los principios éticos generales, aunque los Medios de Servicio Público (PSM) deben abordar cuestiones tecnológicas específicas que a menudo se pasan por alto. Según la EBU (2023), los principales puntos conflictivos éticos en la IA incluyen la falta de transparencia, la presencia de sesgo involuntario o uso indebido de datos privados, el diseño intencionado de algoritmos sesgados y la infracción de las leyes de privacidad.

Un tema adicional que genera controversia es el uso del contenido de PSM por plataformas privadas como ChatGPT para entrenar sus modelos de IA (EBU, 2023). Aunque ninguna corporación de PSM se opone completamente a esta práctica, algunas han bloqueado el acceso de OpenAI a sus sitios web corporativos. El 41% de estas corporaciones prefiere seleccionar qué contenido puede ser utilizado, y el 19% desea incorporar cláusulas que especifican la finalidad o la duración del uso. Menos del 25% de los PSM aceptan que su contenido sea utilizado siempre y cuando reciban notificaciones e información detallada sobre cómo se desarrollará esta actividad (EBU, 2023).

Los PSM creen que es posible incorporar los valores del servicio público en las herramientas de IA, pero el 70% de las organizaciones considera que se requieren ajustes en las aplicaciones para lograr una compatibilidad satisfactoria. Ninguna corporación ve la IA como incompatible con estos valores, y el 19% confía en que la IA mejorará la proyección de dichos valores (EBU, 2023).

Más de la mitad de las organizaciones consideran que la transparencia es el principal valor que los PSM deben representar en el desarrollo de la IA, seguido del control humano, la seguridad y la responsabilidad social. No obstante, menos de un tercio de los PSM informan sistemáticamente al público sobre el uso de IA generativa, aunque la mayoría no lo hace. Esta situación cambiará con la implementación de la Ley de IA de la UE, que establecerá nuevos estándares de transparencia.

La ética en la inteligencia artificial debe abordar no solo la ética general, sino también problemas tecnológicos específicos. Los principales desafíos éticos incluyen la falta de transparencia, los sesgos y la privacidad de los datos. Los PSM consideran que la IA puede ser compatible con los valores del servicio público, pero reconocen la necesidad de ajustes para asegurar dicha compatibilidad. La transparencia, la seguridad y la responsabilidad social son valores fundamentales que deben guiar el desarrollo de la IA en este sector.

7. RECONOCIMIENTO DE LA INVESTIGACIÓN

Este artículo forma parte de las actividades del proyecto "Medios audiovisuales públicos ante el ecosistema de las plataformas: modelos de gestión y evaluación del valor público de referencia para España" (PID2021-122386OB-I00), financiado por el Ministerio de Ciencia e Innovación (España), AEI y Feder, UE. Además de integrarse en las actividades del proyecto PDC2023-145885-I00, financiado por MCIN/AEI/ 10.13039/501100011033 y por la Unión Europea "NextGeneration EU"/PRTR, y en las actividades de la Cátedra RTVE-USC sobre Medios de Servicio Público en Europa. El autor César Fieiras Ceide tiene un contrato FPI del Ministerio de Ciencia e Innovación de España con la referencia (PRE2022-103954).

8. REFERENCIAS BIBLIOGRÁFICAS

Baghai, M., Coley, S. y White, D. (1999). *La alquimia del crecimiento*. Nueva York: Perseus Publishing.

Donders, K., Raats, T. y Tintel, S. (2020). "(Re)definir los medios de servicio público desde una perspectiva económica: Malditos si lo hacen, malditos si no lo hacen". En B. von Rimscha (Ed.), *Gestión y economía de la comunicación* (págs. 203-221). De Gruyter. https://doi.org/10.1515/9783110589542-011

EBU (2019). *Informe de noticias de la EBU 2019. La próxima sala de redacción: desbloquear el poder de la IA para el periodismo de servicio público*. Ginebra: UER, Unión Europea de Radiodifusión. https://www.ebu.ch/publications/strategic/login_only/report/news-report-2019

EBU (2023). *IA generativa, noticias y audiencias: una sesión informativa sobre lo que necesita saber ahora para PSM*. Ginebra: UER, Unión Europea de Radiodifusión.

Fieiras-Ceide, C., Vaz-Álvarez, M. y Túñez-López, M. (2022). "Estrategias de inteligencia artificial en los radiodifusores públicos europeos: usos, previsiones y retos de futuro". *Profesional de la información*, v. 31, n. 5, e310518. https://doi.org/10.3145/epi.2022.sep.18

Fieiras-Ceide, C., Vaz-Álvarez, M. y Túñez-López, M. (2023). "Diseño de personalización de los medios de servicio público europeos (PSM): tendencias en algoritmos e inteligencia artificial para la distribución de contenidos". *Profesional de la información*, v. 32, n. 3, e320311. https://doi.org/10.3145/epi.2023.may.11

Glowacki, M. y Jackson, L. (2019). *Cultura organizacional de los medios de comunicación de servicio público: procesos de valorización de las personas*. Universidad de Varsovia; Universidad del South Bank de Londres.

LSE (2023). *Generando cambio. Un informe global sobre lo que los medios están haciendo con la IA*. Londres: LSE, Escuela de Economía de Londres.

Macciola, A. (2019). Usos malos, sesgados y poco éticos de la IA. *El Proyecto Empresarios*. Obtenido de https://enterprisersproject.com/article/2019/8/4-unethical-uses-ai

Scott, L. (2023). El New York Times presenta una demanda por derechos de autor contra empresas de tecnología de inteligencia artificial. *Noticias de la VOA*. Obtenido de https://www.voanews.com/a/ny-times-sues-openai-microsoft-for-allegedly-infringing-copyrighted-work/7414394.html

Sørensen, J. y Hutchinson, J. (2018). "Algoritmos y medios de servicio público". En G. Ferrell Lowe, H. Van den Bulck y K. Donders (Eds.), *Medios de servicio público en la sociedad en red*. Gotemburgo: Nordicom.

Wauters, D. y Raats, T. (2018). "Medios de servicio público y sostenibilidad de los ecosistemas. Hacia asociaciones eficaces en los mercados de pequeños medios". En G. Ferrell Lowe, H. Van den Bulck y K. Donders (Eds.), *Public Service Media in the Networked Society*. Gotemburgo: Nordicom.

Laudatio a Bernard Miége. Santiago de Compostela, 20 de septiembre 2023

Juan Carlos Miguel de Bustos,

PRESENTACIÓN

Bos días a todas y todos. Buenos días Excelentísimo Rector de la USC, buenos días Señora Decana, Bonjour Bernard, et merci pour être ici avec nous.

Bernard Miège ha dedicado su carrera a consolidar la organización científica y didáctica de las ciencias de la comunicación, no sólo en Francia sino también a escala internacional. A la vez ha realizado investigaciones y focalizado su pensamiento sobre diferentes aspectos (a los que nos referiremos después); Ello le convierte en uno de los investigadores europeos más conocidos a nivel mundial.

Es para mí un honor y un placer presentar los motivos que han llevado a la Facultad de Comunicación de la Universidad de Santiago de Compostela a realizar un homenaje a Bernard Miège, académico e investigador excelente. Prueba de ello es que Cuatro universidades ya le han nombrado Doctor Honoris Causa (Kinshasa -República Democrática del Congo-, en 2001; Universidad de Bucarest, en 2004, UQAM (Université de Québéc à Montréal), 2006, Universidad Suiza italiana en Lugano, 2007. La UQAM (2023) citada señala que "**Las distinciones honoríficas se conceden a aquellas personas "que se distinguen por su notable contribución al progreso de la sociedad, al bienestar de la comunidad, al avance de un campo de estudio o de investigación o al desarrollo e influencia de la Universidad**" Bernard Miège, ha contribuido de forma notable, especialmente en los dos últimos ámbitos.

1. INTRODUCCIÓN

BM nace en 1941, en Annecy, en el Departamento de la alta Saboya, región de Auvernia-Rhône-Alpes y explica su trayectoria intelectual a través de varias etapas, que se suceden, a la vez se superponen, BM (2013a). Le marcó la guerra de Argelia, mientras estudiaba en París, en el Instituto de Estudios Políticos, en 1959; esto suponía una preocupación personal y política; personal porque suspender algún examen suponía ir al "campo de operaciones", y política porque desde la represión de Bucarest, militaba contra la represión y todo lo que significara ocupación. Pensemos que había conocido los bombardeos nazis y también una fugaz ocupación italiana de los territorios en donde transcurría su infancia.

Su trabajo tiene varias características: perspectiva larga, interdisciplinariedad, internacionalización y una gran preocupación por la epistemología

La perspectiva larga, (*longue durée*), nace desde el principio de su carrera académica e investigadora. BM señala que cuando comienza a estudiar la I-C se encuentra dos décadas antes de que empezasen los grandes cambios (industrialización cultural, cambios educativos, transformaciones en los medios, en el consumo, etc). Por eso, ahora, para analizar los cambios, nos propone que debemos comenzar investigando las continuidades, y las coexistencias anteriores al fenómeno que estamos estudiando.

En el IEP de Paris entra en 1959, y en 1962, obtiene una licenciatura con el itinerario de Economía política. Posteriormente realiza el tercer ciclo de Ciencias económicas en la Facultad de Derecho, a la vez que se lanza al estudio de las ciencias sociales (Roland Barthes, Pierre Bourdieu, Michel Foucault, Fernand Braudel) y lee múltiples textos sobre marxismo.

Su primer trabajo es en La Asociación de Alcaldes de Francia, en donde estudia las políticas socio-culturales en Europa, trabajo al que sigue una colaboración con Joffre Dumazedier, pionero en estudios de la sociología del ocio y del desarrollo cultural. Con este bagaje, BM se lanza a redactar su tesis doctoral, en economía, en 1968, en París I. (Un agent de l'offre de biens et services de loisir. L'entreprise et son comité d'entreprise sobre la producción de bienes culturales en el interior de los Comités de empresa. (Thèse de doctorat en Sciences économiques, Paris, 751 p,)

Entra después en el Ministerio de Asuntos Culturales, en donde realiza trabajos de prospectiva sobre indicadores culturales, de forma que también en esto asiste a la creación de nuevas actividades y de nuevos instrumentos (estadísticas de la cultura, usos, indicadores).

Mientras, prosigue sus propias investigaciones, y realiza su primera publicación "L'Appareil d'action culturelle". Su trabajo, investigación y su curiosidad le permite encontrar todo tipo de agentes de la administración, de la política, de la academia y de la investigación. Y, tiene claro que lo suyo es la academia y la investigación.

A BM le conocí en 1992, en un Congreso en Valencia. Yo presentaba una comunicación sobre los grandes grupos de comunicación, titulado Poder y economía o Goliat y el síndrome del gigantismo, y recuerdo que me dijo que él no era economista. Se define más bien socio-economista, porque sus lecturas sobre marxismo le colocan en el medio. Ni uno (sociólogo), ni otro (economista), sino los dos, porque no se puede establecer la separación entre las fuerzas productivas y la organización social. También le ha influido la semiología. Esto le ha ayudado a BM a "no dejarse seducir por las sirenas post-modernistas" de los fines de la historia, de la Sociedad de la Información, etc. El interés por varias disciplinas le lleva de forma natural a la interdisciplinariedad; esta es otra característica fundamental del pensamiento de su pensamiento. Desde 1975 se dedica de lleno a las ciencias de la información y de la comunicación.

Ha tenido, desde el principio una voluntad internacional, mediante cursos de doctorado en países africanos, europeos y latinoamericanos. Esta voluntad la ejerce también mediante la creación de la Cátedra Unesco, que también dirigió, de 1997 a 2005. Por otro lado, la multitud de nacionalidades del estudiantado de la Universidad de Grenoble hace que la internacionalización irradie de manera natural. La búsqueda de la internacionalización de las ciencias de la comunicación es también otra de sus características. Ha dirigido más de una centena de tesis. Muchas de ellas de alumnxs extranjeros, lo que promueve la internacionalización de su influencia.

2. MÉRITOS Y PUBLICACIONES

Es catedrático de Ciencias de la Información y la Comunicación en la Universidad Stendhal de Grenoble, y desde 2005 es Profesor emérito. Ha enseñado fundamentalmente Epistemología de la I – C, y socio-economía de la Comunicación. Además de en múltiples universidades francesas, ha sido invitado, en universidades de todo el mundo.: Complutense de Madrid, Universidad de Bucarest, Universidad de Minsk, Universidad de Moscú, Universidad Suiza italiana (Lugano). UQAM. Universidad de Quebec en Montreal), Université de Québec à Trois Rivières, Jinan (GuanghZhou), Sergipe (Aracaju), ECA (Sao Paulo), Autónoma de Barcelona. Universidad Nuova de Lisboa, Central de Venezuela en Caracas, Uagadugú (Burkina Faso), Túnez, Kinshasa (Rep Dem del Congo, UNAM, Tecnológico de Monterrey, en México, etc.

Una buena parte de su trabajo lo ha dedicado a la epistemología y gnoseología de las ciencias de la información y de la comunicación. No obstante, de manera consciente esta actividad (epistemología de la información y de la comunicación) no la ha realizado hasta tarde, a finales de los años 80s. Especialmente con la escritura del primer tomo de la *Société conquise par la communication*, en 1989. Un hito lo marca el Coloquio de Cerisy-la-Salle, en el que se discutió sobre el particular. Participando en el Consejo Nacional de Universidades -CNU y la SFSIC- BM luchó por la consolidación de un solo título en Información y Comunicación, y no separados. En esta labor institucional, propugnaba la construcción de las Ciencias de la Información y de la Comunicación desde la investigación; potenciar la investigación, de forma complementaria a la formación es la mejor manera de asegurar la existencia presente y futura de dichas ciencias.

Ha sabido compaginar el trabajo individual con el colectivo y el institucional. Esto es lo que significa su implicación en la creación y potenciación de la SFSIC (Sociedad Francesa sobre Investigación y Comunicación, y su actividad como Rector (presidente) de la Universidad Standhal, de Grenoble. De 1989 a 1994, fue presidente de la Universidad Stendhal-Grenoble III. Era una de las tres Universidades de Grenoble, y se correspondía con la Facultad de Letras y artes, lenguas y ciencias de la lengua y Comunicación (unos 7500 estudiantes). En 2015 las tres Universidades grenoblesas se fusionaron.

Desde que entra en la Universidad, forma un pequeño equipo de investigadores y empezó a trabajar sobre la legitimación de los estudios en Información y Comunicación.

En 1978, el CNRS encargó a Jean Louis Alibert, Bernard Miège e Yves de la Haye un estudio sobre la comunicación. Para la ocasión, fundaron un laboratorio de investigación denominado Groupe de Recherche sur les Enjeux de la Communication (Grupo de Investigación sobre los Retos de la Comunicación), (GRESEC), que sigue activo hoy en día. Ello ha significado que Grenoble se haya constituido en una referencia internacional donde se han formado investigadores europeos, americanos y asiáticos y donde se han llevado y se llevan a cabo investigaciones que cubren un amplio espectro de las ciencias de la I - C, especialmente en el ámbito de la economía política de la comunicación. El GRESEC está implicado en cuatro másteres (en periodismo, en información y comunicación, en creación artística, y el de profesiones del Libro y de la Edición). El GRESEC ha ejercido su influencia en España, desde los 80, a través de investigadores fundamentales como Enrique Bustamante y Ramón Zallo y Miquel de Moragas. Posteriormente, muchos de los colaboradores de estos ampliaron la influencia.

En 1996, BM es miembro fundador de la cátedra Cátedra "Comunicación Internacional", que tiene la sede en el Instituto de Comunicación y Medios, de la Universidad de Grenoble y en la que está situado el GRESEC. El objetivo es desarrollar alianzas con universidades internacionales, a través de la invitación a investigadores extranjeros, el establecimiento de programas de apoyo y contribuciones recíprocas, la redacción de publicaciones colectivas o la organización de congresos internacionales. La Cátedra UNESCO de Comunicación Internacional de la Universidad de Grenoble-Alpes pretende ser reconocida como motor de la acción de la Unesco en el ámbito de la información y la comunicación internacional, de la transversalidad en las Humanidades y las Ciencias Sociales y de la promoción de los ODS (Objetivos de Desarrollo Sostenible, en particular el ODS.4 relativo a la educación para todos). De este modo, pretende presentarse como un actor importante en la cooperación tripartita Norte/Sur/Sur, de acuerdo con las recomendaciones y orientaciones generales de la UNESCO.

El fruto de su labor como académico e investigador se muestra en diversos libros y artículos científicos publicados principalmente en francés, inglés y español, aunque también traducidos a otros idiomas. Empieza a escribir en 1964. Sus primeros trabajos tuvieron que ver con la acción cultural, y desde entonces, ha publicado más de 400 textos. Ha confirmado más de 100 textos con firmas muy prestigiosas: Nicholas Garhnam, Jesús Martín Barbero, Enrique Bustamante, Herbert Schiller, Armand Mattelart. En los últimos años escribe con los que se puede considerar su equipo de pensamiento; así Pierre Moeglin trabaja sobre la industrialización de la formación la crítica a las industrias creativas; con Gaëtan Tremblay sobre las tecnologías de la información, las lógicas sociales y las industrias creativas; Con Isabelle Pailliart sobre la comunicación en las comunidades locales; con Philippe Bouquililon sobre las estrategias de los grupos de comunicación, sobre las industrias creativas, sobre la *finanziarización* de los grupos de comunicación.

3. EJES DE SU OBRA

BM ha abierto nuevos campos de reflexión y nuevas vías de investigación hoy particularmente fructíferas para comprender el papel cada vez más central de la comunicación y la información en la sociedad contemporánea.

Con su trabajo ha contribuido sobre todo al desarrollo de una teoría de las industrias culturales identificando los modelos de industrialización de la información, de la comunicación y de los productos culturales, la influencia que tienen en la formación de los contenidos y en sus métodos de uso. Una de las obras simbólicas es Armel Huet, Jacques Ion, Alain Lefebvre, Bernard Miège, and René Péron. *Capitalisme et industries culturelles*, PUG, 1978.

Miège también ha hecho una contribución especialmente relevante sobre las mutaciones del espacio público, ampliando la teoría de Habermas sobre el espacio público y destacando cómo la evolución de los medios de comunicación ha llevado a la del espacio público político y ha configurado un espacio público social fragmentado con efectos directos en la formación de la identidad colectiva, la cohesión social y el funcionamiento de las sociedades democráticas. Miège Bernard. (L'espace public contemporain. PUG, 2010).

El tercer ámbito en el que Miège ha desarrollado herramientas analíticas muy importantes se refiere a la relación entre los medios de comunicación, las tecnologías y la sociedad. La crítica al determinismo tecnológico y el análisis de los procesos que guían el desarrollo de las tecnologías ha permitido renovar el punto de vista sobre su impacto tanto en la industria cultural y mediática como en la producción de contenidos y en las formas de acceso y uso. Un aspecto ideológico es el de la utopía de la comunicación "que nos muestra el espectáculo permanente de la distancia entre sus promesas y lo real del mundo; utopía que debe ser contestada porque, entre otras cosas, elimina la posibilidad de crítica (Bernard Miège. La société conquise par la communication- tome 3: les Tic entre innovation technique et ancrage social, PUG, col. Communication, Médias et Sociétés. 2007).

Una cuarta dirección del trabajo de Miège se refiere a la investigación de los fundamentos epistemológicos de las ciencias de la comunicación y a la identificación de su carácter altamente interdisciplinario. La I –C debe ser articulada y considerada. Encontramos que no se relacionan ambos conceptos o campos: los informativos y los comunicativos; en España los consideramos, a veces como sinónimos. Basta pensar nos diría BM que la información debe ser comunicada. Bernard Miège. L'information – communication, objet de connaissance, INA- De Boeck, 2004.

El 12 de mayo de 2007, en el discurso de agradecimiento después del nombramiento Doctor Honoris Causa en la Universidad Suiza Italiana, de Lugano, (USI (2007), BM precisaba que "la Información – Comunicación ha adquirido una dimensión nueva en nuestras sociedades, (algunos hablan de Comunicación únicamente) y no sólo en las que se denominan sociedades avanzadas. Para analizar la I – C no basta con recurrir a las disciplinas tal y como las conocemos (lingüística, sicología, las ciencias sociales, la política o las ciencias sociales, sino que se considera indispensable una aproximación interdisciplinar.

Miège es muy crítico con la teoría de los usos sociales, a la que ha dedicado algunos textos (2012e), (2011a), Miège, Bouquillion, Moeglin (2011b). BM es considerado como pensador crítico (Lafon, 2019). Sin embargo, BM no se considera como tal. BM señala que su trabajo se apoya en ciertas exigencias críticas: "enriquecimientos de problemáticas, cuestionamiento sistemático de las ideas recibidas, progresión de la elaboración teórica, y relación con los profesionales, los ciudadanos, los movimientos sociales y los decisores" (2013a, p. 13). Una frase resume su pensamiento gnoseológico: "Se encuentra menos linealidad y univocidad en los procesos de industrialización de la comunicación y de informatización de la sociedad que coexistence problemática entre lógicas diversas que compiten, se entremezclan o se completan, creando a su vez, por su propia heterogeneidad, amplios campos de incertidumbre y de posibilidades de control social, de posibilidad de elección y en consecuencia de intervención" (2013a, p. 13).

BM ha sido responsable de la colección *Communication, médias et société*, y de la colección *Communication au Plus*, de Presses Universitaires de Grenoble. Y de otras colecciones con Pierre Moeglin et Isabelle Pailliart. Ha sido responsable de la revista *Les Enjeux de l'Information*. Es miembro de múltiples consejos editoriales. Réseaux, Media, Culture and Society, TIS (Technologie, Information et Société), Études de Communication, MEI (París 8), Sciences de la Société, anuario Ininco (Investigaciones de la comunicación, Universidad Central de Venezuela, Caracas), Ciencias de la comunicación (ALAIC), Matrizez, etc.

Por todo ello, BM merece el reconocimiento que aquí se le hace hoy. A la vez, sobre todo para quienes no le conozcan, les invito a que lean, comenten y trabajen alguno de sus textos.

Muchas gracias

4. CONSIDERACIONES COMPLEMENTARIAS SOBRE SU OBRA

Miège comenzó estudiando las industrias culturales (en plural). El contexto era el del Nuevo Orden Mundial de la Información y de la Comunicación (Nomic), por lo que la influencia de la economía política de la comunicación es clara. No solo se estudiaban los grandes grupos de comunicación, sino que a la vez se estudiaban las políticas culturales y de comunicación, y se analizaba el control de la información. La teoría de las industrias culturales tiene como objeto central el análisis de los fenómenos culturales, informacionales y comunicacionales. No sólo se consideran todos los estadios de la cadena de valor desde un punto de vista industrial, sino que se tiene en cuenta todo tipo de ámbitos. Económico, social, político, regulatorio, etc.

Propone cinco aproximaciones, (Miège, 2012a) (Miège, 2012b). En primer lugar, las estrategias de los principales grupos industriales de la comunicación, de la industria de materiales y de las redes, lo cual permite considerar os principales agentes de cambios y analizar la denominada convergencia; en segundo lugar, la estrategia de los difusores, productores o editores de contenidos, especialmente referido a la concepción; en tercer lugar, las prácticas informacionales y culturales, con especial énfasis en la expansión de los consumos *marchandes*; en cuarto lugar, los cambios inducidos por las innovaciones técnicas, y en especial, los usos que se forman a partir de herramientas o instrumentos técnicos; y en quinto lugar, la actividad de recepción, de apropiación y de reinterpretación de contenidos por los destinatarios. Estas que en su conjunto pueden ser considerados como una especie de modelo, entendiendo por este una representación simplificada de la realidad. El adjetivo industrias culturales no excluye el estudio de actividades que pueden no ser industriales, como lo es la producción independiente de música, los pequeños editores de libros, etcétera. Muchos trabajos señalan que debe ser tenido en cuenta el concepto de las hileras (Miège 1986c). Más interesante que el concepto de rama e industria es el antecesor de lo que hoy se denomina Cadena de Valor, pero el concepto de hilera utilizado por Miège trasciende lo económico e industrial.

La teoría de las industrias culturales ha promovido y potenciado en Francia y en Europa la génesis de las Ciencias de la comunicación, y, a la vez que. Inversamente, éstas han reconocido y legitimado a las teorías de las industrias culturales como campo de investigación y de docencia. En nuestro país, algunos (Ramón Zallo y Enrique Bustamante, entre otros) nos reclamábamos de la escuela de las industrias culturales como sinónimo de la escuela de Grenoble. ¡Dejamos para otro momento si puede ser considerado como una escuela, pero si pensamos en las características (modelo, líneas de estudio, principios, autores, ¿por qué no hablar de escuela?

BM reflexiona sobre el lugar que las técnicas digitales ocupan en la sociedad Miège (2020j) y señala que el proceso de digitalización tiene una doble vertiente: técnica y social, y ambas dimensiones están presentes en toda innovación técnica. Es por ello que la innovación adopta una pluralidad de procesos. Se puede hablar de plataformas, como nuevos paradigmas de la intermediación, pero tanto las plataformas como la intermediación deben ser analizadas en relación a los cambios que se producen en la información y en la comunicación, y al tratamiento de datos masivos. La *plataformización* ha entrañado un cambio en las estrategias de los grandes grupos de comunicación, y en Las diferentes industrias culturales, con la consolidación de los GAFAM (Miège1997e, pp.188 y ss), que tienen los mayores valores bursátiles de la historia.

Particularmente interesante es el libro *Les Industries culturelles et créatives face à l'ordre de l'information et de la communication* (2017f). Es una nueva edición de *Les industries du contenu face à l'ordre informationnel* (2000f), pero puede ser considerado como un nuevo libro. Las lógicas culturales - lógicas de edición y de flujo- siguen siendo pertinentes para explicar el funcionamiento de las industrias culturales (2017ff, p. 62). Explica también una de las características de la sociedad actual, que es la de la intermediación (difusores, servidores, medios sociales). A lo largo de toda su obra, BM distingue entre información, comunicación y medios. Une siempre información y comunicación, pero dicha unión respeta las especificidades de cada uno de ellas, ya que se corresponden con lógicas diferentes. En este libro, y en numerosos textos, analiza la pertinencia de considerar el largo plazo, para cualquier análisis. Ello nos aleja de considerar únicamente lo que fluye ante nuestros ojos: los cambios técnicos o económicos del momento. (2017ff, p. 93).

Sobre las industrias creativas. ha sido y es muy crítico (Miège, 2017f). La crítica que hace se basa fundamentalmente en que las industrias creativas no tienen entidad académica, a pesar de que se hayan multiplicado los artículos y publicaciones en su seno. Las industrias creativas son un container heterogéneo de industrias (a las industrias culturales se les une el software, las antigüedades, la moda, el diseño, etc.), a las que resulta imposible juntar, ateniendo a sus características fundamentales. Sí que comparten el crecimiento y la expansión de estas industrias, pero resulta insuficiente y difícil de explicar que todas ellas comparten la "creatividad", o que se basen en copyright, o que puedan afectar a la esfera pública de la misma forma. Las industrias creativas son el mismo fetiche que la Sociedad de la Información, que a fuerza de nombrarla se da por asentada. Las industrias creativas tienen un peso económico importante, y significan la consagración de la lógica mercantil en todas las actividades que las componen. Las políticas culturales de los distintos Estados, regiones, ciudades han utilizado Informes y proyectos relacionados con las distintas actividades; proyectos que han legitimado inversiones y desarrollos en algunas de las actividades de las industrias creativas, a las que se ha asociado con multiplicadores de crecimiento. La creación de un museo – Guggenheim-, como en el caso de Bilbao es uno de los casos paradigmáticos.

5. EPISTEMOLOGÍA Y GNOSEOLOGÍA

Una de las constantes en el pensamiento de Miège es la epistemología. Considera la cuestión esencial: si las Ciencias de la información y de la comunicación constituyen una disciplina o, si por el contario, deben ser consideradas como algo interdisciplinar, y más exactamente, como un campo en donde aplicar metodologías que proceden de diversas disciplinas. No agota la discusión, pero considera que lo esencial es encontrar los elementos constituyentes del pensamiento comunicacional, que ya tiene medio siglo. El estudio de las corrientes fundadoras de los años 50 y 60 (modelo cibernético, el funcionalismo, el método estructural, las aplicaciones lingüísticas, etc.); y de los años 70 y 80, del SXX, amplían las problemáticas (Miège, 1993b). Miège reconoce la influencia que Yves de la Haye tuvo en él. La influencia marxista de de la Haye viene de intentar desde el principio establecer relación entre lo político y lo económico y lo cultural y esto es lo que hace que Miège pusiera el acento en las estrategias de los actores. (de La Haye, Miège,1983b). (Yves de la Haye, 2007b).

Durante estos años. la economía política se ofrece como alternativa a las escuelas precedentes (Miège,1995i, p. 84)., pero siempre rehúye de la búsqueda de teorías generalistas. Por la diversidad de temáticas y las diferencias entre los autores (Herbert Schiller, Dallas Smith, Nicolás

Graham, Graham Murdock. Armand Mattelart, Enrique Bustamante y Ramón Zallo), considera que aquella constituya una escuela.

Desde el principio busca estudiar los nuevos desarrollos de la información y de la comunicación, en términos nuevos de forma que se articule lo político, lo económico y lo cultural; es así como debe abordarse el estudio de la nueva complejidad que supone sea estudiar los nuevos medios, o diferentes aspectos como la esfera pública actual o las cuestiones epistemológica. La economía política le lleva a estudiar de manera natural los flujos transnacionales, así como los aspectos ideológicos. El pensamiento comunicacional, es decir la consolidación de estudios en torno a la comunicación va acompañado de un aspecto ideológico, que es la utopía de la comunicación, que nos muestra "el espectáculo permanente de la distancia entre sus promesas y lo real del mundo; utopía que debe ser contestada porque, entre otras cosas, elimina la posibilidad de crítica" (Miège, 1995i, p. 84) considera que existe un pensamiento comunicacional, lo mismo que existe un pensamiento económico, que se refiere a la Fundación de las teorías económicas.

Considera que el pensamiento y la investigación en comunicación debe basarse en tres proposiciones. La primera, es que, en general, no se relaciona la información y la comunicación. En España los consideramos, a veces como sinónimos. Basta pensar nos diría Miège que la información debe ser comunicada (2015c). Cuando hablamos de Tecnologías de la Información y de la Comunicación, sí que aparecen juntos, pero no se reflexiona sobre su relación. Los soportes técnicos de comunicación se han multiplicado, y con ellos se facilita el acceso a la información individualizada. Pensar esta relación nos ayuda a pensar en los diferentes ámbitos de información (científica, por ejemplo), y podemos pensar en cómo se comunica dentro de la comunidad científica, y fuera, o cómo se hace accesible dicho conocimiento (nuestro reto de sexenios de transferencia ANECA). Cuando hablamos de información, en singular, simplificamos, porque la información es de múltiples tipos: podemos hablar de información, conocimiento información producida no producida y editada, de pago o no, no editada, pública, privada etcétera. En otros textos, esta relación también es considerada una consideración básica (Miège, 2008c).

La segunda proposición es el estudio de la historia de las mediaciones socio-simbólicas, que resulta fundamental y básico, para así entender que lo nuevo (por mucha innovación rupturista que parezca) tiene en su seno restos del ADN de anteriores mediaciones. La historia es fundamental para entender la relación entre industria de hardware, las redes y la industria de contenidos, que están en continuo cambio. Otro de los campos en continua transformación es el espacio público es donde simultáneamente coexisten y se enfrentan los medios, la política, la comunicación, etc.

La tercera, es la interdimensionalidad, que designa varias dimensiones, que debieran en todo momento ser relacionadas. Señala cinco: Las estrategias de los grupos industriales de materiales, redes y contenidos; Las estrategias de los editores de contenidos y de los difusores, así como las contribuciones de la esfera de la creación (artistas, intelectuales, etc.); las tendencias en los usos y consumos, que hoy muestra la generalización de las prácticas individualizadas "marchandes"; la relación entre prácticas y tecnologías, de forma que se piense también en cómo los cambios que se observen (la individualización de los consumos, por ejemplo) afectan a las tecnologías; y estudiar las prácticas de recepción, apropiación y reinterpretación de los destinatarios-usuarios. Se observa que estudia relaciones, estrategias e interacciones entre todos los elementos de la cadena valor (Creación, producción, distribución y consumo). Pero no se queda en la linealidad de la sucesión de los eslabones, porque debe integrarse la dimensión social y política en cada uno de los elementos de la cadena de valor.

A la hora de estudiar cualquier fenómeno, además de considerar los múltiples procesos que se entrecruzan, resulta básico establecer el contexto, que en el ámbito de la Información y de la Comunicación es la *financiarización*, la internacionalización, la convergencia, la recomposición de los de los sistemas mediáticos –reemplazo de medios y transformación de estos a través de las tecnologías-, la individualización de prácticas, la tendencia a la mercantilización, etc.

La esfera pública. Uno de los pocos que ha dedicado una buena parte de su pensamiento. El modelo de las relaciones públicas generalizadas.

Miège observa múltiples factores incrementales que afectan a la esfera pública; en particular el incremento de la comunicación política, el incremento de la comunicación de las colectividades, el incremento de la comunicación científica, el incremento de la comunicación técnica, el incremento de la comunicación de organizaciones de la sociedad civil, lo que supone la existencia de un espacio público cada vez más mercantilizado y más individualizado (1997e, p110).

Desde el siglo XVIII, considera cuatro modelos de comunicación del espacio público, hasta llegar al modelo actual: el de la relación públicas generalizadas Los cuatro modelos que considera han sido influenciados por los medios de comunicación o por las técnicas, pero sin que estas últimas hayan sido deterministas, porque tiene en cuenta aspectos como la relación de los medios de comunicación establecidos con los ciudadanos, los estilos de los medios (polémico, de consenso , la relación con el poder del Estado y con los intereses económicos, así como el tipo de organización económica de los medios. Los cuatro modelos a los que se refiere son el de la prensa de opinión del siglo XVIII, el de la prensa comercial de masas de la segunda mitad del siglo XIX, los medios audiovisuales de masas de la segunda mitad del siglo XX, y la actual de las relaciones públicas generalizadas

El modelo de las relaciones públicas generalizadas o la comunicación generalizada (Miège,2010e) es el de la generalización de las técnicas de gestión de lo social y de las técnicas de comunicación, junto al recurso a las estrategias comunicativas cada vez más perfeccionadas. La generalización afecta a los Estados las empresas y las grandes organizaciones políticas y sociales. Este modelo de las relaciones públicas generalizadas tiene tres dimensiones: la utilización de estrategias muy elaboradas, la generalización de la obligación de comunicar y la remodelación del sistema de medios existente. Transversal a este modelo es que cada vez se recurre más a empresas exteriores para el diseño de las estrategias; esto fue muy visible durante la COVID. Otro cambio fundamental es que la esfera pública y la privada se recomponen y se difuminan sus fronteras.

6. BUSCANDO RELACIONES. CON LA EDUCACIÓN Y EL TERRITORIO

Ha sabido relacionar la Información y la Comunicación con la Educación y la Formación. No sólo la relacionada con las Información y la Comunicación. Ha estudado las relaciones profundas entre la Educación y la Tecnologías de la Información y la Comunicación. (Miège, B. and Gaëtan Tremblay (1997) y Miège (2008f)

La relación entre la comunicación y la educación existe desde hace tiempo y no dejan de incrementarse. Muchos enseñantes ven las nuevas tecnologías de la información con prevención y por ello es importante analizar las presiones de la industria de la comunicación. El aparato educativo presenta unas características específicas: el recurso masivo a la financiación pública, el *face to face*, que, aunque en disminución, continúa siendo indispensable. Lo que es innegable es que cada vez están más relacionadas. Hoy la gama de productos disponibles es mucho más amplia, y los productos educativos que utilizan recursos de comunicación deben ser estudiados dentro de un esquema de nueva industrialización, que tiene mucho en común con la que afecta a la Información y a la Comunicación. Esta industrialización se da en un contexto complejo, de coexistencia de grandes empresas y pequeñas, de coexistencia de gratuidad y pago, así como de modelos intermedios. Interesante también es constatar la individualización (la industria habla de personalización) que cada vez se instaura también en la educación. Es también importante considerar la simultaneidad que significa ser productor y demandante a la vez. Las Universidades son grandes demandantes de comunicación, de contenidos, de aparatos, de redes, etc. Y grandes productores también. En todo caso, lo que nos propone la obra de Miège es establecer relaciones, y no cerrar las fronteras de la Información - Comunicación.

En Francia, el espacio ha sido considerado por Armand Mattelart (1992), y por Isabel Pailliart (1993). E indudablemente por Miège, en el seno del GRESEC, de Grenoble (Miège y Pailliart, 1994). Frente a una visión tecno optimista de las posibilidades de descentralización de las Tecnologías de la Información y de la Comunicación, Miège analiza la utilización de estas por los poderes económicos y políticos y cómo participan a una complejización de la gestión de la sociedad, y en concreto, del espacio.

Uno de los ejes a considerar es el de los flujos transnacionales de hardware, redes y contenidos; sin embargo, a pesar de su interés, su estudio presenta limitaciones, porque los datos disponibles son insuficientes. Los datos proceden de organización organismos públicos entre (UNESCO), y tienen un origen burocrático; sí que sirven como aproximación. Por otro lado, los datos privados de consultorías tienen más la finalidad de seducir a posibles usuarios de sus servicios; en todo caso, los datos no han sido captados y organizados para ser estudiados por académicos o investigadores. Estos datos son agregados y no pueden ser analizados a través por ejemplo de la cadena de valor; esto significa que la mayoría de los programas audiovisuales de ficción difundidos en Europa son de origen USA, pero resulta imposible ver el reparto por televisiones, por audiencias, por horarios, por costes, etcétera.

A la hora de considerar el espacio, debemos alejarnos de las simplificaciones. Existe una tendencia la transnacionalización, pero aún no se hace no sea manifestado la monopolización de productos norteamericanos; las plataformas de streaming muestran la transnacionalización de productos americanos, pero esta coexiste con una cierta resistencia (plataformas de *streaming* de productos nacionales europeos y la presencia en los catálogos de las plataformas de series de múltiples nacionalidades -coreanas, nórdicas, alemanas, francesas, etcétera-). Cuestión más compleja aún es la de las relaciones entre las culturas. La dominación cultural no se puede identificar con la oferta norteamericana preponderante ni ser interpretada como la homogeneidad de gustos y de prácticas en el consumo.

Las plataformas se mueven en un contexto de regulación, aunque esta no sea muy grande. Las plataformas han tenido que negociar con las autoridades nacionales de los distintos países en los que se implantan y han tenido que fomentar la cinematografía nacional (Miège1997e, pp.188 y ss.). Debemos ser capaces de investigar el impacto de estas acciones de fomento tanto en los tipos de contenidos como en la cuestión de género, impacto industrial, etc.

La industrialización de la Información, de la Comunicación y de la Cultura y la Sociedad de la Información

La industrialización de la información, de la comunicación y de la cultura y las grandes redes de comunicación es una de las tendencias dominantes (Miège, 2020a), (Huet, et al, 1978). Hoy observamos la presencia de otros grupos –GAFAM- (Miège1997e, pp. 188 y ss.) con estrategias opacas e imposibles de investigar. Afortunadamente hay un movimiento de lanzadores de alerta (*whistleblowers*), que denuncian prácticas en el seno de estos grupos, prácticamente imposibles de descubrir, debido al secretismo imperante. No sólo son difíciles de investigar sino también de regular las consecuencias de su actuación (ausencia de privacidad, burbuja de filtro, falta de transparencia, promoción de la desinformación, etc.).

Afortunadamente la DMA y la DSA europeas contribuyen a actualizar la regulación, al menos de las grandes plataformas.

A la sociedad de la información, BM le dedica múltiples textos (2002b, 1991a, 2000g). Miège es uno de los pocos académicos que ha dirigido críticas a Manuel Castells, si bien este nunca ha respondido a sus críticas. En la base de la sociedad de la información se superponen tres presupuestos: la sociedad está regida por la teoría de la información, la información es la principal productora de riquezas, la sociedad utiliza las TICs. Miège considera que no podemos definir nuestra sociedad utilizando una de estas características; Ni siquiera con los tres presupuestos conjuntamente. La crítica Castells es que este no considera la producción de contenidos (excepción hecha de su libro Comunicación y poder); Miége considera que la producción de información produce cambios, pero estos no son reductibles a los componentes económicos y/o técnicos, como en el caso de Castells.

En el fondo, BM es un gran escéptico, porque hablando de la sociedad de la información reconoce que no tenemos las herramientas teóricas adecuadas para pensar los cambios mucho más complejos que los que pretenden muchos autores, como el citado Castells. La crítica a la sociedad de la información se ha realizado mediante crítica de los componentes o de sus consecuencias (brecha digital, pocos recursos de los países del sur, clases sociales excluidas, gobernanza de internet, diferentes condiciones de acceso).

El pensamiento de Miège sobre la técnica es interesante. Sólo considera la innovación de ruptura entre (digitalización de datos y su cantidad; compresión de señales, sobre todo para la retransmisión como la miniaturización de componentes y la visualización de datos). Los cambios tecnológicos son indispensables y bastante fáciles de inventariar. Lo que es complicado es estudiar la relación entre las tecnologías y sus impactos, y el cómo estos, y la adopción de aquellas influyen en las tecnologías, y por tanto en la innovación.

Los cambios tecnológicos no contienen todos los cambios en lo social, económico, industrial, regulatorio, etc. Para aproximarse a esta multidimensionalidad se necesita el pensamiento largo. La utilización de Spotify no puede dejar de relacionarse con la historia de prácticas como la del hábito de la música grabada a lo largo del siglo XX. En relación a la inteligencia artificial todos hemos utilizado alguna herramienta, si bien la disponibilidad de estas, no tan mejoradas, lleva unas cuantas décadas.

Miège ha publicado en España en la revista Telos sobre en la cuestión de las TICs (Miège, 2007a). Rehúsa pensar la técnica como algo exterior a la sociedad y separado de ella; esto significa que va a analizar los desarrollos técnicos a través de los de las determinaciones sociales, y sobre todo a través de las lógicas sociales de la comunicación. Didácticamente también va a analizar los cambios sociales relativos a la información a través de la emergencia y consolidación de las TIC. A ello añade tres proposiciones: la primera proposición es la de especificidad de la información – comunicación; la segunda, es el largo plazo, y el tercero es repensar la innovación.

7. CONSAGRADO INVESTIGADOR Y ANALISTA

En una obra, Miège (2015c) establece un análisis de cuarenta años de investigación en Información y Comunicación. A la vez que establece un balance, identifica seis características principales que recorren la investigación en Información y Comunicación en Francia, a la que él ha contribuido de manera notable. Una, que la investigación es cada vez más autónoma. Se ha pasado de investigar grandes paradigmas y teorías omni-abarcantes sobre el papel de la comunicación en la construcción de la social, como el funcionalismo el estructuralismo, la cibernética la lingüística etcétera. Estas teorías son interesantes y siguen mal manifestándose hoy, pero el problema es que no se han planteado cuál es el objeto sobre el cual teoriza: campo, sector, . más recientemente lo que se ha estudiado son los grandes proyectos, muchos de ellos creados en el interior de las administraciones nacionales de organismos internacionales (autopistas de la información, sociedad de la información industrias creativas, diversidad cultural) etcétera.

La segunda, es la presencia de la innovación en las investigaciones. Los organismos nacionales han investigado y han financiado investigación, contribuyendo a consagrar la prospectiva, también han contribuido a que se haya desarrollado un determinismo tecnológico, que se ha aplicado a los ámbitos de la información y de la comunicación. La tercera característica es una investigación basada el trabajo sobre el terreno. La multiplicación de investigaciones, de tesis doctorales, de congresos, seminarios, facultades de comunicación, y la internacionalización de la investigación ha significado que se investiga con recolección de datos, mezclando las encuestas con la elaboración teórica. La internacionalización de la investigación tiende a crear ámbitos de estudio y metodologías similares, si bien sería interesante estudiar o establecer análisis de las distintas naciones para establecer que algunas grandes cuestiones, como las televisiones públicas regionales es un campo al que muy pocas muy pocos académicos se dedican.

La cuarta, es que la investigación es cada vez más interdisciplinar. Esta se manifiesta también en la formación universitaria. Sin embargo, algunas materias, como comunicación en las organizaciones, Dirección multimedia, están en facultades diferentes (economía, Bellas Artes, o facultades de comunicación), lo cual dificulta en la práctica la interdisciplinariedad. Tampoco ayuda que la formación universitaria se realice en Facultades que separan los grados de periodismo, relaciones públicas y publicidad, y Comunicación Audiovisual, mientras que la investigación que realizan los docentes que están en estas facultades no tienen, a veces, nada que ver con lo que enseñan.

La quinta, es que la investigación en comunicación es poco comunicada. Afortunadamente comienza a valorarse en las carreras académicas la difusión de conocimientos tanto dentro de la Academia, como en los medios profesionales. No deja de ser curiosa esta circunstancia (nos referimos a esta no difusión de conocimiento) en un ámbito en el que están implicados los medios de comunicación y las industrias culturales. La sexta, que está relacionada con la anterior señala que la investigación no ha alcanzado a imponerse en los programas académicos. Esta investigación no se realiza con los medios profesionales (al menos no lo es en la medida en que fuera deseado.

8. REFERENCIAS BIBLIOGRÁFICAS

La notación de la bibliografía, en especial la de las fechas, se corresponde con los datos que aparecen en el CV (https://cv.hal.science/bernard-miege)

CPDSIC /(2018) (Conférence permanente des directeurs·trices des unités de recherche en sciences de l'information et de la communication). Dynamiques des recherches en sciences de l'information et de la communication. cpdirsic.fr/wp-content/uploads/2018/09/dynamiques-des-recherches-sic-web-180919.pdf

de La Haye, Y. and Miège, B. (1983b). Ce que cachent les discours sur la communication, communication au Colloque CNRS/IRPEACS, Lyon, décembre 1982. In Technologie, culture et communication, Armand Mattelart et Yves Stourdzé, ed., Rapports complémentaires. Egalement publié dans les Actes du Colloque de Lyon: revue Communication et information, Université Laval, Québec, N° 2-3, hiver 1984, pp. 203-220.

Huet A., Ion, J. Alain Lefebvre,A., Miège, B., and Péron, R. (1978). Capitalisme et industries culturelles, en collaboration, PUG, 200 pages, 1 édition. 1978.

Lafon, B. (2021). Bernard Miège, un chercheur critique en information – communication. Mondes sociaux. https://sms.hypotheses.org/18603

Mattelart, A. (1992). La communication monde La Découverte.

Miège, B., de la Haye, Y. (1984). De l'ère de la communication aux marchés de la communication, Communication. Information Médias Théories.

Miège, B. (1986c). Les logiques à l'oeuvre dans les nouvelles industries culturelles, vol. 4, N° 2, pp. 93-110. Cahiers de recherche sociologique, September.

Miège, B.(1989h). La société conquise par la communication, Grenoble: PUG, 240 pages. (nouvelle publication en 1996, plusieurs traductions). 1989h.

Miège, B. (1991a). L'impensable société de l'information, N° 16, Science de l'information, technologie de l'information, société de l'information (INIST, CNRS), pp. 63-66. Brises - bulletin de recherches sur l'information en sciences économiques, humaine et sociales.

Miège, B (1993b). Les étapes de la pensée communicationnelle: l'élargissement des problématiques N° 30, pp. 192-204. Sciences de la société : Les cahiers du LERASS.

Miège, B. and Pailliart, I. (1994). Les médias en région. In Communiquer demain. Nouvelles technologies de l'information et de la communication, sous la direction de Pierre Musso, DATAR/éditions de l'aube, La Tour d'Aigues, pp. 185-196.

Miège, B. (1995i). La pensée communicationnelle, 1`ere édition, Grenoble: PUG.

Miège, B.and Gaëtan Tremblay (1997). Pour une grille de lecture du développement des techniques de l'information et de la communication. In Symposium franco-québécois: les téléservices dans l'organisation des secteurs de l'éducation et de la santé (approche comparative), ECHIROLLES, France, May 1997

Miège, B.(1997e). La société conquise par la communication, tome 2: La Communication entre l'industrie et l'espace, PUG, collection Communication, médias et sociétés.

Miège, B. (1999f). El desplazamiento hacia los contenidos. In Presente y futuro de la television digital, Bustamante E. & Alvarez Monzoncillo J. M, eds, Madrid, Comunicacion 2 000, pp.175-195.

Miège, B. (2000f). Les industries du contenu face à l'ordre informationnel). Grenoble, PUG, collection Com en Plus.

Miège, B.(2000g). Questionner la société de l'information, pp. 9-16, Réseaux, vol.18, N°101.

Miège, B. (2002b). La société de l'information : toujours aussi inconcevable, RESS, Tome XL, N° 123, pp.41-54. Revue européenne des sciences sociales (Cahiers Vilfredo Pareto).

Miège, B. (2004h). L'information – communication, objet de connaissance, INA- De Boeck (col. Médias Recherches).

Miège, B. (2007a). La question des Tic: pour de nouvelles problématiques (version espagnole), in Telos N° 73, pp. 13-26. Telos, October .

Miège, B. Yves de la Haye (2007b): des apports toujours actuels, pp. 49-51. N°18. Contretemps: revue de critique communiste.

Miège, B.(2008f). For a Communications Approach to the Use of ICT in Education, . In Euro- pean Science Foundation, Intellect: Bristol UK, Chicago USA. In Convergence and Fragmentation- Media Technology and Information Society, "Changing the Media, Changing Eu- rope", vol. 5, edited by Peter Ludes

Miège, B.(2010e). L'espace public contemporain. PUG, 2010e

Miège, B. (2011a). Un regard attentif sur les usages et les manières de consommer les produits cul-turels. En Bouquillion, Ph. et Combès Y. (dir), Diversité et industries culturelle, L'Harmattan pages pp. 275–278.

Miège B., Bouquillion, Ph., and Moeglin, P. (2011b). La question des industries créatives en France. In Enrique Bustamante (editor), Industrias creativas – Amenazas sobre la cultura digital. Gedisa editorial.

Miège, B. (2012b). La théorie des industries culturelles (et informationnelles), composante des SIC. Revue française des sciences de l'information et de la communication, n°1.

Miège, B. (2012e). Bernard. Les évitements de la sociologie française des usages, pp. 251-260. In MIEGE Bernard and VINCK Dominique, editors, Les masques de la convergence- Enquêtes sur sciences, industries et aménagements. Editions des archives contemporaines.

Miège, B. (2013a). À propos d'une trajectoire intellectuelle: éléments d'une auto-analyse. Un emboîtement de phases et d'influences ainsi que de convictions progressivement forgées. Les Enjeux, supplément.

Miège, B. (2015c). «40 ans de recherche en Information – Communication – Acquis et questionnements», Les Enjeux de l'Information et de la Communication, n°16/1, p.105 à 113.

Miège, B. (2017f). Les industries culturelles et créatives face à l'Ordre de l'Information et de la Com- munication, Grenoble: Pug, collection communication en plus.

Miège, B., 2020a). Creative Industries, a Large Ongoing Project, Still Inaccurate and Always Uncertain. In Kiriya I., Kompatsiaris P., Mylonas Y. (eds) The Industrialization of Creativity and Its Limits. Science, Technology and Innovation Studies. pp.151-161, Springer. October

Miège, B. (2020f), «Éléments en vue de la connaissance de l'édification des SIC dans les années 80 et 90», Les Cahiers de la SFSIC [En ligne], Collection, 13-Varia, Questions de recherche, mis à jour le: 08/04/2020,URL : http://cahiers.sfsic.org/sfsic/index.php?id=336.

Miège, B.(2020j). La Numérisation en cours de la société. Points de repères et enjeux Grenoble, Presses universitaires de Grenoble.

Pailliart, I. (1993). Les Territoires de la communication, PUG.

Richeri, G. (2007). Dottorato honoris causa in Scienze della comunicazione a Bernard Miège Testo della Laudatio di Giuseppe Richeri Lugano 12 maggio 2007. https://www.usi.ch/sites/default/files/storage/attachments/document/04_dies-2007-laudatio-miege-43757.pdf

UQAM (2023). Distinctions honorifiques. https://instances.uqam.ca/distinctions-honorifiques-de-luqam/.

USI (2007). Nombramiento de Bernard Miége Doctor honoris causa de la Universidad suiza italiana. https://www.usi.ch/it/feeds/22492